U0689652

紹興大典

史部

光緒上虞縣志校續

1

中華書局

圖書在版編目(CIP)數據

（光緒）上虞縣志校續 / (清) 儲家藻修 ; (清) 徐致靖纂 . －北京 : 中華書局 , 2024.6
（紹興大典・史部）
ISBN 978-7-101-16626-2

Ⅰ. 光… Ⅱ. ①儲… ②徐… Ⅲ. 上虞縣－地方志－清代 Ⅳ. K295.54

中國國家版本館 CIP 數據核字 (2024) 第 100526 號

書　　名	(光緒) 上虞縣志校續 (全八册)
叢 書 名	紹興大典・史部
修　　者	〔清〕儲家藻
纂　　者	〔清〕徐致靖
項目策劃	許旭虹
責任編輯	吴麒麟
助理編輯	任凱龍
裝幀設計	許麗娟
責任印製	管　斌
出版發行	中華書局
	(北京市豐臺區太平橋西里38號 100073)
	http: // www. zhbc. com. cn
	E-mail: zhbc@zhbc. com. cn
印　　刷	天津藝嘉印刷科技有限公司
版　　次	2024年6月第1版
	2024年6月第1次印刷
規　　格	開本787×1092毫米　1/16
	印張24¾
國際書號	ISBN 978-7-101-16626-2
定　　價	3600.00元

學術顧問

（按姓氏筆畫排序）

安平秋　李　岩　吴　格

袁行霈　張志清　葛劍雄

樓宇烈

編纂工作指導委員會

主　　任　盛閱春（二〇二二年九月至二〇二三年一月在任）

温　暖　施惠芳　肖啓明　熊遠明

第一副主任　丁如興

副 主 任　陳偉軍　汪俊昌　馮建榮

成　　員（按姓氏筆畫排序）

王静静　朱全紅　沈志江　金水法　俞正英

胡華良　茹福軍　徐　軍　陳　豪　黄旭榮

裘建勇　樓　芳　魯霞光　魏建東

編纂委員會

序

紹興是國務院公布的首批中國歷史文化名城，是中華文明的多點起源地之一和越文化的發祥、壯大之地。從嵊州小黄山遺址迄今，已有一萬多年的文化史；從大禹治水迄今，已有四千多年的文明史；從越國築句踐小城和山陰大城迄今，已有兩千五百多年的建城史。建炎四年（一一三〇），宋高宗駐蹕越州，取義「紹奕世之宏庥，興百年之丕緒」，次年改元紹興，賜名紹興府，領會稽、山陰、蕭山、諸暨、餘姚、上虞、嵊、新昌等八縣。元改紹興路，明初復爲紹興府，清沿之。

紹興坐陸面海，嶽峙川流，風光綺麗，物産富饒，民風淳樸，士如過江之鯽，彬彬稱盛。春秋末越國有「八大夫」佐助越王卧薪嘗膽，力行「五政」，崛起東南，威續戰國，四分天下有其一，成就越文化的第一次輝煌。秦漢一統後，越文化從尚武漸變崇文。晉室東渡，北方士族大批南遷，王、謝諸大家紛紛遷居於此，一時人物之盛，雲蒸霞蔚，學術與文學之盛冠於江左，給越文化注入了新的活力。唐時的越州是詩人行旅歌詠之地，形成一條江南唐詩之路。至宋代，尤其是宋室南遷後，越中理學繁榮，文學昌盛，領一時之先。明代陽明心學崛起，這一時期的越文化，宣導致良知、知行合一，重於事功，伴隨而來的是越中詩文、書畫、戲曲的興盛。明清易代，有劉宗周等履忠蹈義，慷慨赴死，亦有黄宗羲率其門人，讀書窮經，關注世用，成其梨洲一派。至清中葉，會稽章學誠等人紹承梨洲之學而開浙東史學之新局。晚清至現代，越中知識分子心懷天下，秉持先賢「膽劍精神」，再次站在歷史變革的潮頭，蔡元培、魯迅等人「開拓越學」，使紹興成爲新文化運動和新民主主義革命的重要陣地。越文化兼容並包，與時偕變，勇於創新，隨着中國社會歷史的變遷，無論其内涵和特質發生何種變化，均以其獨特、强盛的生命力，推動了中華文明的發展。

文獻典籍承載着廣博厚重的精神財富、生生不息的歷史文脉。紹興典籍之富，甲於東南，號爲文獻之邦。從兩漢到魏晋再至近現代，紹興人留下了浩如煙海、綿延不斷的文獻典籍。陳橋驛先生在《紹興地方文獻考録·前言》中説：「紹興是我國歷史上地方文獻最豐富的地方之一。」有我國地方志的開山之作《越絶書》，有唯物主義的哲學巨著《論衡》，有書法藝術和文學價值均登峰造極的《蘭亭集序》，有詩爲「中興之冠」的陸游《劍南詩稿》，有輯録陽明心學精義的儒學著作《傳習録》等，這些文獻，不僅對紹興一地具有重要價值，對浙江乃至全國來説，也有深遠意義。

紹興藏書文化源遠流長。歷史上的藏書家多達百位，知名藏書樓不下三十座，其中以澹生堂最爲著名，藏書十萬餘卷。近現代，紹興又首開國内公共圖書館之先河。光緒二十六年（一九〇〇），紹興鄉紳徐樹蘭獨力捐銀三萬餘兩，圖書七萬餘卷，創辦國内首個公共圖書館——古越藏書樓。越中多名士，自也與藏書聚書風氣有關。

習近平總書記强調，「我們要加强考古工作和歷史研究，讓收藏在博物館裏的文物、陳列在廣闊大地上的遺産、書寫在古籍裏的文字都活起來，豐富全社會歷史文化滋養」。黨的十八大以來，黨中央站在實現中華民族偉大復興的高度，對傳承和弘揚中華優秀傳統文化作出一系列重大決策部署。中共中央辦公廳、國務院辦公廳二〇一七年一月印發了《關於實施中華優秀傳統文化傳承發展工程的意見》，二〇二二年四月又印發了《關於推進新時代古籍工作的意見》。

盛世修典，是中華民族的優秀傳統，是國家昌盛的重要象徵。近年來，紹興地方文獻典籍的利用呈現出多層次、多方位探索的局面，從文史界到全社會都在醞釀進一步保護、整理、開發、利用紹興歷史文獻的措施，形成了廣泛共識。中共紹興市委、市政府深入學習貫徹習近平總書記重要指示精神，積極響應國家重大戰略部署，以提振紹興人文氣運的文化自覺和存續一方文脉的歷史擔當，作出了編纂出版《紹興大典》的重大決定，計劃用十年時間，系統、全面、客觀梳理紹興文化傳承脉絡，收集、整理、編纂、出版紹興地方歷史文獻。二〇二二年十月，中共紹興市委辦公室、紹興市人民政府辦公室印發《關於〈紹興大典〉編纂出版工作實施方案的通知》。自此，《紹興大典》編纂出版各項工作開始有序推進。

百餘年前，魯迅先生提出「開拓越學，俾其曼衍，至於無疆」的願景，今天，我們繼先賢之志，實施紹興歷史上前無古人的文化工程，希冀通過《紹興大典》的編纂出版，從浩瀚的紹興典籍中尋找歷史印記，從豐富的紹興文化中挖掘鮮活資源，從悠遠的紹興歷史中把握發展脉絡，古爲今用，繼往開來，爲新時代「文化紹興」建設注入强大動力。我們將懷敬畏之心，以古人「三不朽」的立德修身要求，爲紹興這座中國歷史文化名城和「東亞文化之都」立傳畫像，爲全世界紹興人築就恒久的精神家園。

是爲序。

温暖

二〇二三年十月

前言

越國故地，是中華文明的重要起源地，中華優秀傳統文化的重要貢獻地，中華文獻典籍的重要誕生地。紹興，是越國古都，國務院公布的第一批歷史文化名城。編纂出版《紹興大典》，是綿延中華文獻之大計，弘揚中華文化之良策，傳承中華文明之壯舉。

一

紹興有源遠流長的文明，是中華文明的縮影。

中國有百萬年的人類史，一萬年的文化史，五千多年的文明史。中華文明，是中華民族長期實踐的積累，集體智慧的結晶，不斷發展的產物。各個民族，各個地方，都爲中華文明作出了自己獨具特色的貢獻。紹興人同樣爲中華文明的起源與發展，作出了自己傑出的貢獻。

現代考古發掘表明，早在約十六萬年前，於越先民便已經在今天的紹興大地上繁衍生息。二〇一七年初，在嵊州崇仁安江村蘭山廟附近，出土了於越先民約十六萬年前使用過的打製石器〔一〕。這是曹娥江流域首次發現的舊石器遺存，爲探究這一地區中更新世晚期至晚更新世早期的人類活動、

〔一〕陸瑩等撰《浙江蘭山廟舊石器遺址網紋紅土釋光測年》，《地理學報》英文版，二〇二〇年第九期，第一四三六至一四五〇頁。

華南地區與現代人起源的關係、小黄山遺址的源頭等提供了重要綫索。

距今約一萬至八千年的嵊州小黄山遺址〔一〕，於二〇〇六年與上山遺址一起，被命名爲上山文化。該遺址中的四個重大發現，引人矚目：一是水稻實物的穀粒印痕遺存，以及儲藏坑、鐮形器、石磨棒、石磨盤等稻米儲存空間與收割、加工工具的遺存；二是種類與器型衆多的夾砂、夾炭、夾灰紅衣陶與黑陶等遺存；三是我國迄今發現的最早的立柱建築遺存，以及石杵立柱遺存；四是我國新石器時代遺址中迄今發現的最早的石雕人首。

蕭山跨湖橋遺址出土的山茶種實，表明於越先民在八千多年前已開始對茶樹及茶的利用與探索〔二〕。距今約六千年前的餘姚田螺山遺址發現的山茶屬茶樹根遺存，有規則地分布在聚落房屋附近，特别是其中出土了一把與現今茶壺頗爲相似的陶壺，表明那時的於越先民已經在有意識地種茶用茶了〔三〕。

對美好生活的嚮往無止境，創新便無止境。於越先民在一萬年前燒製出世界上最早的彩陶的基礎上〔四〕，經過數千年的探索實踐，終於在夏商之際，燒製出了人類歷史上最早的原始瓷〔五〕；繼而又在東漢時，燒製出了人類歷史上最早的成熟瓷。現代考古發掘表明，漢時越地的窑址，僅曹娥江兩岸的上虞，就多達六十一處〔六〕。

中國是目前發現早期稻作遺址最多的國家，是世界上最早發現和利用茶樹的國家，更是瓷器的故

〔一〕浙江省文物考古研究所編《上山文化：發現與記述》，文物出版社二〇一六年版，第七一頁。

〔二〕浙江省文物考古研究所、蕭山博物館編《跨湖橋》，文物出版社二〇〇四年版，彩版四五。

〔三〕北京大學中國考古學研究中心、浙江省文物考古研究所編《田螺山遺址自然遺存綜合研究》，文物出版社二〇一一年版，第一一七頁。

〔四〕孫瀚龍、趙曄著《浙江史前陶器》，浙江人民出版社二〇二二年版，第三頁。

〔五〕鄭建華、謝西營、張馨月著《浙江古代青瓷》，浙江人民出版社二〇二二年版，上册，第四頁。

〔六〕宋建明主編《早期越窑——上虞歷史文化的豐碑》，中國書店二〇一四年版，第二四頁。

鄉。《（嘉泰）會稽志》卷十七記載「會稽之産稻之美者，凡五十六種」，稻作文明的進步又直接促成了紹興釀酒業的發展。同卷又單列「日鑄茶」一條，釋曰「日鑄嶺在會稽縣東南五十五里，嶺下有僧寺名資壽，其陽坡名油車，朝暮常有日，産茶絶奇，故謂之日鑄」。可見紹興歷史上物質文明之發達，真可謂「天下無儔」。

二

紹興有博大精深的文化，是中華文化的縮影。

文化是一條源遠流長的河，流過昨天，流到今天，還要流向明天。悠悠萬事若曇花一現，唯有文化與日月同輝。

大量的歷史文獻與遺址古迹表明，四千多年前，大禹與紹興結下了不解之緣。大禹治平天下之水，漸九川，定九州，至於諸夏乂安，《史記·夏本紀》載：「禹會諸侯江南，計功而崩，因葬焉，命曰會稽。會稽者，會計也。」裴駰注引《皇覽》曰：「禹冢在山陰縣會稽山上。會稽山本名苗山，在縣南，去縣七里。」《（嘉泰）會稽志》卷六「大禹陵」：「禹巡守江南，上苗山，會稽諸侯，死而葬焉。……劉向書云：禹葬會稽，不改其列，謂不改林木百物之列也。苗山自禹葬後，更名會稽。是山之東，有隴隱若劍脊，西嚮而下，下有窆石，或云此正葬處。」另外，大禹在以會稽山爲中心的越地，還有一系列重大事迹的記載，包括娶妻塗山、得書宛委、畢功了溪、誅殺防風、禪祭會稽、築治邑室等。

以至越王句踐，「其先禹之苗裔，而夏后帝少康之庶子也，封於會稽，以奉守禹之祀」（《史記·越王句踐世家》）。句踐的功績，集中體現在他一系列的改革舉措以及由此而致的强國大業上。

他創造了「法天象地」這一中國古代都城選址與布局的成功範例，奠定了近一個半世紀越國號稱天下强國的基礎，造就了紹興發展史上的第一個高峰，更實現了東周以來中國東部沿海地區暨長江下游地區的首次一體化，讓人們在數百年的分裂戰亂當中，依稀看到了一統天下的希望，爲後來秦始皇統一中國，建立真正大一統的中央政權，進行了區域性的準備。因此，司馬遷稱：「苗裔句踐，苦身焦思，終滅强吴，北觀兵中國，以尊周室，號稱霸王。句踐可不謂賢哉！蓋有禹之遺烈焉。」

千百年來，紹興涌現出了諸多譽滿海内、雄稱天下的思想家，他們的著述世不絶傳、遺澤至今，他們的思想卓犖英發、光彩奪目。哲學領域，聚諸子之精髓，啓後世之思想。政治領域，以家國之情懷，革社會之弊病。經濟領域，重生民之生業，謀民生之大計。教育領域，育天下之英才，啓時代之新風。史學領域，創史志之新例，傳千年之文脉。

紹興是中國古典詩歌藝術的寶庫。四言詩《候人歌》被稱爲「南音之始」。於越《彈歌》是我國文學史上僅存的二言詩。《越人歌》是越地的第一首情歌、中國的第一首譯詩。山水詩的鼻祖，是上虞人謝靈運。唐代，這裏涌現出了賀知章等三十多位著名詩人。宋元時，這裏出了别開詩歌藝術天地的陸游、王冕、楊維楨。

紹興是中國傳統書法藝術的故鄉。鳥蟲書與《會稽刻石》中的小篆，影響深遠。中國的文字成爲藝術品之習尚，文字由書寫轉向書法，是從越人的鳥蟲書開始的。而自王羲之《蘭亭序》之後，紹興更是成爲中國書法藝術的聖地。翰墨碑刻，代有名家精品。

紹興是中國古代繪畫藝術的重鎮。世界上最早彩陶的燒製，展現了越人的審美情趣。「文身斷髮」與「鳥蟲書」，實現了藝術與生活最原始的結合。戴逵與戴顒父子、僧仲仁、王冕、徐渭、陳洪綬、趙之謙、任熊、任伯年等在中國繪畫史上有開宗立派的地位。

一九一二年一月，魯迅爲紹興《越鐸日報》創刊號所作發刊詞中寫道：「於越故稱無敵於天下，海岳精液，善生俊異，後先絡繹，展其殊才；其民復存大禹卓苦勤勞之風，同句踐堅確慷慨之志，力作治生，綽然足以自理。」可見，紹興自古便是中華文化的重要發源地與傳承地，紹興人更是世代流淌着「卓苦勤勞」「堅確慷慨」的精神血脉。

三

紹興有琳琅滿目的文獻，是中華文獻的縮影。

自有文字以來，文獻典籍便成了人類文明與人類文化的基本載體。紹興地方文獻同樣爲中華文明與中華文化的傳承發展，作出了傑出的貢獻。

中華文明之所以成爲世界上唯一没有中斷、綿延至今、益發輝煌的文明，在於因文字的綿延不絶而致的文獻的源遠流長、浩如煙海。中華文化之所以成爲中華民族有别於世界上其他任何民族的顯著特徵並流傳到今天，靠的是中華兒女一代又一代的言傳身教、口口相傳，更靠的是文獻典籍一代又一代的忠實書寫、守望相傳。

無數的甲骨、簡牘、古籍、拓片等中華文獻，無不昭示着中華文明的光輝燦爛、欣欣向榮，無不昭示着中華文化的廣博淵綜、蒸蒸日上。它們既是中華文明與中華文化的基本載體，又是中華文明與中華文化的重要組成部分，是十分重要的物質文化遺産。

紹興地方文獻作爲中華文獻重要的組成部分，積澱極其豐厚，特色十分明顯。

（一）文獻體系完備

紹興的文獻典籍根基深厚，載體體系完備，大體經歷了四個階段的歷史演變。

一是以刻符、紋樣、器型爲主的史前時代。代表性的，有作爲上山文化的小黃山遺址中出土的彩陶上的刻符、印紋、圖案等。

二是以金石文字爲主的銘刻時代。代表性的，有越國時期玉器與青銅劍上的鳥蟲書等銘文、秦《會稽刻石》、漢「大吉」摩崖、漢魏六朝時的會稽磚甓銘文與會稽青銅鏡銘文等。

三是以雕版印刷爲主的版刻時代。代表性的，有中唐時期越州刊刻的元稹、白居易的詩集。唐長慶四年（八二四），浙東觀察使兼越州刺史元稹，在爲時任杭州刺史的好友白居易《白氏長慶集》所作的序言中寫道：「揚、越間多作書模勒樂天及予雜詩，賣於市肆之中也。」這是有關中國刊印書籍的最早記載之一，説明越地開創了「模勒」這一雕版印刷的風氣之先。宋時，兩浙路茶鹽司等機關和紹興府、紹興府學等，競相刻書，版刻業快速繁榮，紹興成爲兩浙乃至全國的重要刻書地，所刻之書多稱「越本」「越州本」。明代，紹興刊刻呈現出了官書刻印多、鄉賢先哲著作和地方文獻多、私家刻印特色叢書多的特點。清代至民國，紹興整理、刊刻古籍叢書成風，趙之謙、平步青、徐友蘭、章壽康、羅振玉等，均有大量輯刊，蔡元培早年應聘於徐家校書達四年之久。

四是以機器印刷爲主的近代出版時期。這一時期呈現出傳統技術與西方新技術並存、傳統出版物與維新圖强讀物並存的特點。代表性的出版機構，在紹興的有徐友蘭於一八六二年創辦的墨潤堂等。另外，吳隱於一九〇四年參與創辦了西泠印社；紹興人沈知方於一九一二年參與創辦了中華書局，還於一九一七年創辦了世界書局。代表性的期刊，有羅振玉於一八九七年在上海創辦的《農學報》，杜亞泉於一九〇一年在上海創辦的《普通學報》，羅振玉於一九〇一年在上海發起、王國維主筆的《教育世界》，杜亞泉等於一九〇二年在上海編輯的《中外算報》，秋瑾於一九〇七年在上海創辦的《中國女報》等。代表性的報紙，有蔡元培於一九〇三年在上海創辦的《俄事警聞》等。

紹興文獻典籍的這四個演進階段，既相互承接，又各具特色，充分彰顯了走在歷史前列、引領時代潮流的特徵，總體上呈現出了載體越來越多元、内涵越來越豐富、傳播越來越廣泛、對社會生活的影響越來越深遠的歷史趨勢。

（二）藏書聲聞華夏

紹興歷史上刻書多，便爲藏書提供了前提條件，因而藏書也多。大禹曾「登宛委山，發金簡之書，案金簡玉字，得通水之理」（《吴越春秋》卷六），還「巡狩大越，見耆老，納詩書」（《越絶書》卷八），這是紹興有關采集收藏圖書的最早記載。句踐曾修築「石室」藏書，「晝書不倦，晦誦竟旦」（《越絶書》卷十二）。

造紙術與印刷術的發明和推廣，使得書籍可以成批刷印，爲藏書提供了極大便利。王充得益於藏書資料，寫出了不朽的《論衡》。南朝梁時，山陰人孔休源「聚書盈七千卷，手自校治」（《梁書·孔休源傳》），成爲紹興歷史上第一位有明文記載的藏書家。唐代時，越州出現了集刻書、藏書、讀書於一體的書院。五代十國時，南唐會稽人徐鍇精於校勘，雅好藏書，「江南藏書之盛，爲天下冠，鍇力居多」（《南唐書·徐鍇傳》）。

宋代雕版印刷術日趨成熟，爲書籍的化身千百與大規模印製創造了有利條件，也爲藏書提供了更多來源。特别是宋室南渡、越州升爲紹興府後，更是出現了以陸氏、石氏、李氏、諸葛氏等爲代表的藏書世家。陸游曾作《書巢記》，稱「吾室之内，或棲於櫝，或陳於前，或枕藉於床，俯仰四顧，無非書者」。《（嘉泰）會稽志》中專設《藏書》一目，説明了當時藏書之風的盛行。元時，楊維楨「積書數萬卷」（《鐵笛道人自傳》）。

明代藏書業大發展，出現了鈕石溪的世學樓等著名藏書樓。其中影響最大的藏書家族，當數山陰祁氏；影響最大的藏書樓，當數祁承㸁創辦的澹生堂，至其子彪佳時，藏書達三萬多卷。

清代是紹興藏書業的鼎盛時期，有史可稽者凡二十六家，諸如章學誠、李慈銘、陶濬宣等。上虞王望霖建大香樓，藏書萬餘卷，尤以藏書家之墨迹與鈎摹鐫石聞名。徐樹蘭創辦的古越藏書樓，以存古開新爲宗旨，以資人觀覽爲初心，成爲中國近代第一家公共圖書館。

民國時，代表性的紹興藏書家與藏書樓有：羅振玉的大雲書庫、徐維則的初學草堂、蔡元培創辦的養新書藏、王子餘開設的萬卷書樓、魯迅先生讀過書的三味書屋等。

根據二〇一六年完成的古籍普查結果，紹興全市十家公藏單位，共藏有一九一二年以前産生的中國傳統裝幀書籍與民國時期的傳統裝幀書籍三萬九千七百七十七種、二十二萬六千一百二十五册，分別占了浙江省三十三萬七千四百零五種的百分之十一點七九、二百五十萬六千六百三十三册的百分之九點零二。這些館藏的文獻典籍，有不少屬於名人名著，其中包括在別處難得見到的珍稀文獻。這是紹興這個地靈人傑的文獻名邦確實不同凡響的重要見證。

一部紹興的藏書史，其實也是一部紹興人的讀書、用書、著書史。歷史上的紹興，刻書、藏書、讀書、用書、著書，良性循環，互相促進，成爲中國文化史上一道亮麗的風景。

（三）著述豐富多彩

紹興自古以來，論道立説、卓然成家者代見輩出，創意立言、名動天下者繼踵接武，歷朝皆有傳世之作，各代俱見槃槃之著。這些文獻，不僅對紹興一地有重要價值，而且也是浙江文化乃至中國古代文化的重要組成部分。

一是著述之風，遍及各界。越人的創作著述，文學之士自不待言，爲政、從軍、業賈者亦多喜筆耕，屢有不刊之著。甚至於鄉野市井之口頭創作、謡歌俚曲，亦代代敷演，蔚爲大觀，其中更是多有内藴厚重、哲理深刻、色彩斑斕之精品，遠非下里巴人，足稱陽春白雪。

二是著述整理，尤爲重視。越人的著述，包括對越中文獻乃至我國古代文獻的整理。宋孔延之的《會稽掇英總集》，清杜春生的《越中金石記》，近代魯迅的《會稽郡故書雜集》等，都是收輯整理地方文獻的重要成果。陳橋驛所著《紹興地方文獻考録》，是另一種形式的著述整理，其中考録一九四九年前紹興地方文獻一千二百餘種。清代康熙年間，紹興府山陰縣吴楚材、吴調侯叔侄選編的《古文觀止》，自問世以來，一直是古文啓蒙的必備書，也深受古文愛好者的推崇。

三是著述領域，相涉廣泛。越人的著述，涉及諸多領域。其中古代以經、史與諸子百家研核之作爲多，且基本上涵蓋了經、史、子、集的各個分類，近現代以文藝創作爲多，當代則以科學研究論著爲多。這也體現了越中賢傑經世致用、與時俱進的家國情懷。

四

盛世修典，承古啓新，以「紹興」之名，行紹興之實。

紹興這個名字，源自宋高宗的升越州爲府，並冠以年號，時在紹興元年（一一三一）的十月廿六日。這是對這座城市傳統的畫龍點睛。紹興這兩個字合在一起，蘊含的正是承繼前業而壯大之、開創未來而昌興之的意思。數往而知來，今天的紹興人正賦予這座城市、這個名字以新的意蘊，那就是繼承中華優秀傳統文化，建設中華民族現代文明，爲實現中華民族偉大復興，作出自己新的更大的貢獻。

編纂出版《紹興大典》，正是紹興地方黨委、政府文化自信、文化自覺的體現，是集思廣益、精心實施的德政，是承前啓後、繼往開來的偉業。

（一）科學的決策

《紹興大典》的編纂出版，堪稱黨委、政府科學決策的典範。二〇二〇年十二月十一日，中共紹興市委八届九次全體（擴大）會議審議通過了關於紹興市「十四五」規劃和二〇三五年遠景目標的建議，其中首次提出要啓動《紹興大典》的編纂出版工作。

二〇二一年二月五日，紹興市第八届人民代表大會第六次會議批准了市政府根據市委建議編製的紹興市「十四五」規劃和二〇三五年遠景目標綱要，其中又專門寫到要啓動《紹興大典》的編纂出版工作。二月八日，紹興市人民政府正式印發了這個重要文件。

二〇二二年二月二十八日的中共紹興市第九次代表大會市委工作報告與三月三十日的紹興市九届人大一次會議政府工作報告，均對編纂出版《紹興大典》提出了要求。

二〇二二年九月十五日，紹興市人民政府第十一次常務會議專題聽取了《〈紹興大典〉編纂出版工作實施方案》起草情況的匯報，決定根據討論意見對實施意見進行修改完善後，提交市委常委會議審議。九月十六日，中共紹興市委九届二十次常委會議專題聽取《〈紹興大典〉編纂出版工作實施方案》起草情況的匯報，並進行了討論，決定批准這個方案。十月十日，中共紹興市委辦公室、紹興市人民政府辦公室正式印發了《〈紹興大典〉編纂出版工作實施方案》。

（二）嚴謹的體例

在中共紹興市委、紹興市人民政府研究批准的實施方案中，《紹興大典》編纂出版的各項相關事宜，均得以明確。

一是主要目標。系統、全面、客觀梳理紹興文化傳承脉絡，收集、整理、編纂、研究、出版紹興地方文獻，使《紹興大典》成爲全國鄉邦文獻整理編纂出版的典範和紹興文化史上的豐碑，爲努力打造「文獻保護名邦」「文史研究重鎮」「文化轉化高地」三張紹興文化的金名片作出貢獻。

二是收録範圍。《紹興大典》收録的時間範圍爲：起自先秦時期，迄至一九四九年九月三十日，部分文獻酌情下延。地域範圍爲：今紹興市所轄之區、縣（市），兼及歷史上紹興府所轄之蕭山、餘姚。内容範圍爲：紹興人的著述，域外人士有關紹興的著述，歷史上紹興刻印的古籍善本和紹興收藏的珍稀古籍善本。

三是編纂方法。對所録文獻典籍，按經、史、子、集和叢五部分類方法編纂出版。

根據實施方案明確的時間安排與階段劃分，在具體編纂工作中，采用先易後難、先急後緩，邊編纂出版、邊深入摸底的方法。即先編纂出版情況明瞭、現實急需的典籍，與此同時，對面上的典籍情況進行深入的摸底調查。這樣的方法，既可以用最快的速度出書，以滿足保護之需、利用之需，又可以爲一些難題的破解争取時間；既可以充分發揮我國實力最强的專業古籍出版社中華書局的編輯出版優勢，又可以充分借助與紹興相關的典籍一半以上收藏於我國古代典籍收藏最爲宏富的國家圖書館的優勢。這是最大限度地避免時間與經費上的重複浪費的方法，也是地方文獻編纂出版工作方法上的創新。

另外，還將適時延伸出版《紹興大典·要籍點校叢刊》《紹興大典·文獻研究叢書》《紹興大典·善本影真叢覽》等。

（三）非凡的意義

正如紹興的文獻典籍在中華文獻典籍史上具有重要的影響那樣，編纂出版《紹興大典》的意義，同樣也是非同尋常的。

一是編纂出版《紹興大典》，對於文獻典籍的更好保護——活下來，具有非同尋常的意義。歷史上的文獻典籍，是中華文明歷經滄桑留下的最寶貴的東西。然而，這些瑰寶或因天災人禍，或因自然老化，或因使用過度，或因其他緣故，有不少已經處於岌岌可危甚至奄奄一息的境況。

編纂出版《紹興大典》，可以爲系統修復、深度整理這些珍貴的古籍争取時間；可以最大限度呈現底本的原貌，緩解藏用的矛盾，更好地方便閱讀與研究。這是文獻典籍眼下的當務之急，最好的續命之舉。

二是編纂出版《紹興大典》，對於文獻典籍的更好利用——活起來，具有非同尋常的意義。歷史上的文獻典籍，流傳到今天，實屬不易，殊爲難得。它們雖然大多保存完好，其中不少還是善本，但分散藏於公私，積久塵封，世人難見；也有的已成孤本，或至今未曾刊印，僅有稿本、抄本，秘不示人，無法查閱。

編纂出版《紹興大典》，將穿越千年的文獻、深庋密鎖的秘藏、散落全球的珍寶匯聚起來，化身萬千，走向社會，走近讀者，走進生活，既可防它們失傳之虞，又可使它們嘉惠學林，也可使它們古爲今用，文旅融合，還可使它們延年益壽，推陳出新。這是於文獻典籍利用一本萬利、一舉多得的好事。

三是編纂出版《紹興大典》，對於文獻典籍的更好傳承——活下去，具有非同尋常的意義。歷史上的文獻典籍，能保存至今，是先賢們不惜代價，有的是不惜用生命爲代價換來的。對這些傳承至今的古籍本身，我們應當倍加珍惜。

編纂出版《紹興大典》，正是爲了述録先人的開拓，啓迪來者的奮鬥，使這些珍貴古籍世代相傳，使蕴藏在這些珍貴古籍身上的中華優秀傳統文化世代相傳。這是中華文化創造性轉化、創新性發展的通途所在。

編纂出版《紹興大典》，是紹興文化發展史上的曠古偉業。編成後的《紹興大典》，將成爲全國範圍内的同類城市中，第一部收録最爲系統、内容最爲豐贍、品質最爲上乘的地方文獻集成。

紹興這個地方，古往今來，都在不懈超越。超乎尋常，追求卓越。超越自我，超越歷史。《紹興大典》的編纂出版，無疑會是紹興文化發展史上的又一次超越。

道阻且長，行則將至；行而不輟，成功可期。「後之視今，亦猶今之視昔」；「後之覽者，亦將有感於斯文」（《蘭亭集序》）。讓我們一起努力吧！

馮建榮

二〇二三年六月十日，星期六，成稿於寓所

二〇二三年中秋、國慶假期，校改於寓所

編纂説明

紹興古稱會稽，歷史悠久。

大禹治水，畢功了溪，計功今紹興城南之茅山（苗山），崩後葬此，此山始稱會稽，此地因名會稽，距今四千多年。

大禹第六代孫夏后少康封庶子無餘於會稽，以奉禹祀，號曰「於越」，此爲吾越得國之始。《竹書紀年》載，成王二十四年，於越來賓。是亦此地史載之始。

距今兩千五百多年，越王句踐遷都築城於會稽山之北（今紹興老城區），是爲紹興建城之始，於今城不移址，海内罕有。

秦始皇滅六國，御海内，立郡縣，成定制。是地屬會稽郡，郡治爲吴縣，所轄大率吴越故地。東漢順帝永建四年（一二九），析浙江之北諸縣置吴郡，是爲吴越分治之始。會稽名仍其舊，郡治遷山陰。由隋至唐，會稽改稱越州，時有反復，至中唐後，「越州」遂爲定稱而至於宋。所轄時有增減，至五代後梁開平二年（九〇八），吴越析剡東十三鄉置新昌縣，自此，越州長期穩定轄領會稽、山陰、蕭山、諸暨、餘姚、上虞、嵊縣、新昌八邑。

建炎四年（一一三〇），宋高宗趙構駐蹕越州，取「紹奕世之宏庥，興百年之丕緒」之意，下詔從建炎五年正月改元紹興。紹興元年（一一三一）十月己丑升越州爲紹興府，斯地乃名紹興，沿用至今。

歷史的悠久，造就了紹興文化的發達。數千年來文化的發展、沉澱，又給紹興留下了燦爛的文化載體——鄉邦文獻。保存至今的紹興歷史文獻，有方志著作、家族史料、雜史輿圖、文人筆記、先賢文集、醫卜星相、碑刻墓誌、摩崖遺存、地名方言、檔案文書等不下三千種，可以説，凡有所録，應有盡有。這些文獻從不同角度記載了紹興的山川地理、風土人情、經濟發展、人物傳記、著述藝文等各個方面，成爲人們瞭解歷史、傳承文明、教育後人、建設社會的重要參考資料，其中許多著作不僅對紹興本地有重要價值，也是江浙文化乃至中華古代文化的重要組成部分。

紹興歷代文人對地方文獻的探尋、收集、整理、刊印等都非常重視，並作出過不朽的貢獻，陳橋驛先生就是代表性人物。正是在他的大力呼籲下，時任紹興縣政府主要領導作出了編纂出版《紹興叢書》的決策，爲今日《紹興大典》的編纂出版積累了經驗，奠定了基礎。

時至今日，爲貫徹落實習近平總書記系列重要講話精神，奮力打造新時代文化文明高地，重輝「文獻名邦」，中共紹興市委、市政府毅然作出編纂出版《紹興大典》的決策部署。延請全國著名學者樓宇烈、袁行霈、安平秋、葛劍雄、吴格、李岩、熊遠明、張志清諸先生參酌把關，與收藏紹興典籍最豐富的國家圖書館等各大圖書館以及專業古籍出版社中華書局展開深度合作，成立專門班子，精心規劃組織，扎實付諸實施。《紹興大典》是地方文獻的集大成之作，出版形式以紙質書籍爲主，同步開發建設數據庫。其基本内容，包括以下三方面：

一、《紹興大典》影印精裝本文獻大全。這方面内容囊括一九四九年前的紹興歷史文獻，收録的原則是「全而優」，也就是文獻求全收録；同一文獻比對版本優劣，收優斥劣。同時特別注重珍稀性、孤罕性、史料性。

《紹興大典》影印精裝本收録範圍：

時間範圍：起自先秦時期，迄至一九四九年九月三十日，部分文獻可酌情下延。

地域範圍：今紹興市所轄之區、縣（市），兼及歷史上紹興府所轄之蕭山、餘姚。

内容範圍：紹興人（本籍與寄籍紹興的人士、寄籍外地的紹籍人士）撰寫的著作，非紹興籍人士撰寫的與紹興相關的著作，歷史上紹興刻印的古籍珍本和紹興收藏的古籍珍本。

《紹興大典》影印精裝本編纂體例，以經、史、子、集、叢五部分類的方法，對收録範圍内的文獻，進行開放式收録，分類編輯，影印出版。五部之下，不分子目。

經部：主要收録經學（含小學）原創著作；經校勘校訂，校注校釋，疏、證、箋、解、章句等的經學名著；爲紹籍經學家所著經學著作而撰的著作，等等。

史部：主要收録紹興地方歷史書籍，重點是府縣志、家史、雜史等三個方面的歷史著作。

子部：主要收録專業類書，比如農學類、書畫類、醫卜星相類、儒釋道宗教類、陰陽五行類、傳奇類、小説類，等等。

集部：主要收録詩賦文詞曲總集、別集、專集，詩律詞譜，詩話詞話，南北曲韻，文論文評，等等。

叢部：主要收録不入以上四部的歷史文獻遺珍、歷史文物和歷史遺址圖録彙總、戲劇曲藝脚本、報章雜志、音像資料等。不收傳統叢部之文叢、彙編之類。

《紹興大典》影印精裝本在收録、整理、編纂出版上述文獻的基礎上，同時進行書目提要的撰寫，並細編索引，以起到提要鉤沉、方便實用的作用。

二、《紹興大典》點校研究及珍本彙編。主要是《紹興大典》影印精裝本的延伸項目，形成三個成果，即《紹興大典·要籍點校叢刊》《紹興大典·文獻研究叢書》《紹興大典·善本影真叢覽》三叢。選取影印出版文獻中的要籍，組織專家分專題開展點校等工作，排印出版《紹興大典·要籍點校叢刊》；及時向社會公布推出出版文獻書目，開展《紹興大典》收録文獻研究，分階段出版研究成果《紹興大典·文獻研究叢書》；選取品相完好、特色明顯、内容有益的優秀文獻，原版原樣綫裝影印出版《紹興大典·善本影真叢覽》。

三、《紹興大典》文獻數據庫。以《紹興大典》影印精裝本和《紹興大典·要籍點校叢刊》《紹興大典·文獻研究叢書》《紹興大典·善本影真叢覽》三叢爲基幹構建。同時收録大典編纂過程中所涉其他相關資料，未用之版本，書佚目存之書目等，動態推進。

《紹興大典》編纂完成後，應該是一部體系完善、分類合理、全優兼顧、提要鮮明、檢索方便的大型文獻集成，必將成爲地方文獻編纂的新範例，同時助力紹興打造完成「歷史文獻保護名邦」「地方文史研究重鎮」「區域文化轉化高地」三張文化金名片。

《紹興大典》在中共紹興市委、市政府領導下組成編纂工作指導委員會，組織實施並保障大典工程的順利推進，同時組成由紹興市爲主導、國家圖書館和中華書局爲主要骨幹力量、各地專家學者和圖書館人員爲輔助力量的編纂委員會，負責具體的編纂工作。

《紹興大典》編纂委員會

二〇二三年五月

史部編纂説明

紹興自古重視歷史記載，在現存數千種紹興歷史文獻中，史部著作占有極爲重要的位置。因其内容豐富、體裁多樣、官民兼撰的特點，成爲《紹興大典》五大部類之一，而别類專纂，彙簡成編。按《紹興大典·編纂説明》規定：「以經、史、子、集、叢五部分類的方法，對收録範圍内的文獻，進行開放式收録，分類編輯，影印出版。五部之下，不分子目。」「史部：主要收録紹興地方歷史書籍，重點是府縣志、家史、雜史等三個方面的歷史著作。」

紹興素爲方志之鄉，纂修方志的歷史較爲悠久。據陳橋驛《紹興地方文獻考録》（浙江人民出版社，一九八三年版）統計，僅紹興地區方志類文獻就「多達一百四十餘種，目前尚存近一半」。在最近三十多年中，紹興又發現了不少歷史文獻，堪稱卷帙浩繁。

據《紹興大典》編纂委員會多方調查掌握的信息，府縣之中，既有最早的府志——南宋二志《（嘉泰）會稽志》和《（寶慶）會稽續志》，也有最早的縣志——宋嘉定《剡録》；既有耳熟能詳的《（萬曆）紹興府志》，也有海内孤本《（嘉靖）山陰縣志》；更有寥若晨星的《永樂大典》本《紹興府志》，等等。存世的紹興府縣志，明代纂修並存世的萬曆爲最多，清代纂修並存世的康熙爲最多。

家史資料是地方志的重要補充，紹興地區家史資料豐富，《紹興家譜總目提要》共收録紹興相關家譜資料三千六百七十九條，涉及一百七十七個姓氏。據二〇〇六年《紹興叢書》編委會對上海圖書館藏紹興文獻的調查，上海圖書館館藏的紹興家史譜牒資料有三百多種，據紹興圖書館最近提供的信息，其館藏譜牒資料有二百五十多種，一千三百七十八册。紹興人文薈萃，歷來重視繼承弘揚耕讀傳統，家族中尤以登科進仕者爲榮，每見累世科甲、甲第連雲之家族，如諸暨花亭五桂堂黄氏、山陰狀元坊張氏，等等。家族中每有中式，必進祠堂，祭祖宗，禮神祇，乃至重纂家乘。因此纂修家譜之風頗盛，聯宗聯譜，聲氣相通，呼應相求，以期相將相扶，百世其昌，因此留下了浩如煙海、簡册連編的家史譜牒資料。家史資料入典，將遵循「姓氏求全，譜目求全，譜牒求優」的原則遴選。

雜史部分是紹興歷史文獻中内容最豐富、形式最多樣、撰者最衆多、價值極珍貴的部分。記載的内容無比豐富，撰寫的體裁多種多樣，留存的形式面目各異。其中私修地方史著作，以東漢袁康、吴平所輯的《越絶書》及稍後趙曄的《吴越春秋》最具代表性，是紹興現存最早較爲系統完整的史著。

雜史部分的歷史文獻，有非官修的專業志、地方小志，如《三江所志》《倉帝廟志》《螭陽志》等；有以韻文形式撰寫的如《山居賦》《會稽三賦》等；有碑刻史料如《會稽刻石》《龍瑞宫刻石》等；有詩文游記如《沃洲雜詠》等；有珍貴的檔案史料如《明浙江紹興府諸暨縣魚鱗册》等；有名人日記如《祁忠敏公日記》《越縵堂日記》等；有綜合性的歷史著作如海内外孤本《越中雜識》等；也有鉤沉稽古的如《虞志稽遺》等。既有《救荒全書》《欽定浙江賦役全書》這樣專業的經濟史料，也有《越中八景圖》這樣的圖繪史料等。舉凡經濟、人物、教育、方言風物、名人日記等，應有盡有，不勝枚舉。尤以地理爲著，諸如山川風物、名勝古迹、水利關津、衛所武備、天文医卜等，莫不悉備。

這些歷史文獻，有的是官刻，有的是坊刻，有的是家刻。有特别珍貴的稿本、鈔本、寫本，也有珍稀孤罕首次面世的史料。由於《紹興大典》的編纂出版，這些文獻得以呈現在世人面前，俾世人充分深入地瞭解紹興豐富多彩的歷史文化。受編纂者學識見聞以及客觀條件之限制，難免有疏漏錯訛之處，祈望方家教正。

《紹興大典》編纂委員會

二〇二三年五月

光緒上虞縣志校續 五十卷，首末各一卷

〔清〕儲家藻修，〔清〕徐致靖纂

清光緒二十五年（一八九九）刻本

影印説明

《（光緒）上虞縣志校續》五十卷，首末各一卷，清儲家藻修，清徐致靖纂。清光緒二十五年（一八九九）刻本。半葉九行行二十二字，小字雙行同，白口，單魚尾，左右雙邊，有圖。原書版框尺寸高18.2釐米，寬13.2釐米。書前有儲家藻、徐致靖序，又有凡例、縣圖等。據儲序記載：前有上虞舊志，咸同間燬於兵。光緒十七年，《上虞縣志》雖作重修，然「未暇博考詳訂，……有未盡徵實也」。因此重輯刊行《上虞縣志校續》，與前志並行不悖。值得注意的是，書前「縣城圖」「縣境圖」兩種，較之光緒十七年之《上虞縣志》，編製更爲科學精細，「總圖一帙，每方五里，分圖六帙，每方二里，繫以山川村落橋梁寺觀，摺疊成帙，城圖則每六方合爲一里」，圖中文字標注亦是更加清晰可辨，展卷瞭然。

儲家藻，字仲章，江蘇宜興人，太學生，先後任松陽、瑞安、義烏知縣，光緒十八年（一八九二）補授上虞縣知縣。徐致靖（一八二六—一九一七），字子静，江蘇宜興人，寄籍宛平，光緒二年（一八七六）進士，歷任河南鄉試正考官、侍讀學士、禮部侍郎等職，清末維新派領袖，儲序稱其「博覽群書，卓然爲當世望」。

此次影印，以上海圖書館藏本爲底本。另據《中國地方志聯合目録》，國家圖書館、浙江圖書館、天一閣等機構亦有收藏。

上虞縣志校續

光緒戊戌孟夏開
雕次年仲夏成書

昔太史公史記書成後班固之以作漢書其辭例悉仍乎舊而篇目或溢之以補遷史所未備迄今兩家書竝行於世書固有不妨兩存者獨史也乎抑邑志盖亦有然矣上虞舊志咸同間燬于兵前縣令德化唐公任

而蒐輯之始仍爲舊觀凡輿地水利與夫忠孝廉義以及一節可名之士復照耀于耳目不至湮沒而不傳者實唐公之力也顧其書成于光緒辛卯時唐公適調任山陰遂促手民尅期竣事閱數月即裒然成帙蓋未暇

博攷詳訂有必然者此書出都人士取而讀之謂有未盡徵實也爰以重輯之議來請予從而應之曰志者所以志其事之實而必求其是也唐序云蒐羅散失刊正謬誤欲使一邑文獻有以信於今而傳於後今諸君子

之請正亦唐公孜鏡得失之資也予雖不敏曷敢不從特校讐當悉心以力矣緜是正錯簡搜遺佚慎益以密毋少或輟聘究平徐先生任總纂之職先生博覽群書卓然為當世望猶且窮日夜力周寒暑而後蒇修

訪詢派易事訛今釐然各當矣總纂之力亦諸君分纂之功予何幸而得樂觀厥成也雖然古虞佳山水鍾毓之秀代出偉人後必有瑰瓌奇特之節復爲邑乘光者則此志之繼往開來並存致續是所望於後之君子已

光緒二十有四年歲次戊戌秋七月上瀚知上虞縣事宜興儲家藻譔并書

上虞縣志校續序

自秦置郡縣上虞以舜封舊墟得名至今不易蓋文德漸被遺澤長矣邑志始於元時歷前明入

國朝代有述作光緒十七年邑令唐君緲議修輯綜羣籍之大成爲書四十八卷蒐採浩博體例精嚴視嘉慶以前諸志疏陋不文舉莫與比誠盛事也顧自始事迄成書未及一年尅期告

藏舛誤遺漏在所不免都人士以爲未昭信實也於是以通詳立案設局重修請於今令儲公公謂茲事體大盍姑待既而請益堅遂開局重纂而禮聘不佞主其事自維學殖譾陋懼弗克勝而公手書敦促辭不獲已於丙申夏五應召來虞日與都人士相款接且導游始寍山水攬百樓五癸之雄眺鳳鳴蘭芎之勝訪舜禹之遺迹緬王謝之流風美哉名區秀靈孕育達人傑

主史不絕書固其宜已維時分纂諸稾適已彙
齊值不佞卒卒尠暇秋八月抵京寓塵勞甫息
卽取新纂各稾與原書互相校勘參之舊志證
之史籍誤者正之闕者補之萃者詳之贅者省
之去取未審論斷未允者斟酌而愼訂之又據
近五六年中採訪各條之可信者賡續而增入
之若夫發凡之例紀敘之體屬詞甹藻之義一
仍舊貫無取更新蓋分纂諸君之擯除意見實

事求是信乎可以嘉惠桑梓取信後賢而不佞乃祇樂觀厥成也爰馳書儲公而貢其愚曰此次重修之舉雖與沈氏之虞乘刊補王氏之虞志備稾大旨略同而新舊相仍規隨無間惟期信而可徵非曰故從其異書成盍名曰上虞縣志校續刊行之後與原書並行不悖夫而後郟輯之苦心重訂之要旨都人士之敬恭弗懈賢令君之善體輿情展卷瞭然舉可共諒豈與夫

矜情立異好翻成案者同日而語也哉儲公以爲可都人士亦曰可用綜顛末而爲之序

光緒二十三年歲次丁酉仲春下浣

賜進士出身誥授資政大夫日講起居注官翰林院侍讀學士宛平徐致靖子靜甫譔

凡例

一志書即古國史之遺春秋之義首書春王所以大一統也會稽章實齋先生永清志首列　皇言即宗斯例倣而行之首卷恭紀　天章

一舊志人物分德業孝友諸目以後學品隲前賢既嫌僭越亦多未確且不便於檢閱今仿孫淵如松江府志例以時代爲次不分門類參用史記合傳附傳及南北史王謝一家傳例列女傳同其有事迹無多文不成傳者則倣華陽國志士女名目錄之例而以列女姓氏附焉

一嘉慶志輿地水利分立兩門以漢書地理志溝洫志方之未爲大謬然水繫於地水利實關地方要害今從萬歷志併入輿地

一嘉慶志有食貨門又有田賦門攷食貨之目創於孟堅所言掌故田賦居其大半今合爲一

一學校爲人材盛衰所繫舊志入建置門殊非崇尚之義今立專門

一舊志不載兵事虞邑地非衝要兵事蓋寡其顛末可攷者晉孫恩至　國朝咸同間粤寇凡若干事附載武備

門以表安不忘危之旨

一經籍志用萬曆志例以人爲次不分四部又每書標舉大旨參用郡齋讀書志及四庫提要例亦間仿經義攷節錄序文

一吉金樂石以時代爲次其有事關掌故或涉水利者別錄其文於各篇之內金石志中第詳年月姓名款識字數此外則盡錄全文兼附考證一以錢漢村金石記爲底本惟錢書以元爲斷限今仿汪謝城先生烏程志例自漢迄今悉著於編

一舊志有藝文門以載詩文案漢書新唐書明史各藝文志皆志書目非志詩文今既立經籍志而錄詩文之有關典要者別名文徵其編次惟以作者時代爲先後亦不分門類

一諸史目次向有同異史記漢書之屬先志後傳魏收魏書先傳後志今用魏書之例又章實齋先生曰史之有表乃列傳之敘目名列於表而傳無其人者乃無德可稱而書事從略者也其有立傳而不出於表者事有可紀而用特書之例也今表後卽繼列傳於章先生之恉

亦合

一前人著作不得掠美凡有援引概注書名其有採掇成篇者則逐段注明所據何書如文由翦裁事本羣籍則每條下總注某書某書採訪所得則注採訪或新纂新增

一承用舊志從最初之本如萬歷志所有而正統志已有者則注正統志嘉慶志所有而康熙志已有者則注康熙志王氏虞志備考所有而沈奎虞乘刊誤補遺已有者則注刊補

一每門義例無關全書大旨者則於每篇之首或每條之末間標作意 以上例言仍原書

一舊志縣境圖摹畫山水徒工繪事原書以開方計里法行之自勝舊圖第方里過狹蠅書難辨分圖尤苦模胡且分帙裝訂亦不便於檢閱今併作總圖一帙每方五里分圖六帙每方二里繫以山川村落橋梁寺觀摺疊成帙城圖則每六方合爲一里字迹放大務使遠近不爽一覽而知庶合古人圖經之義

一表中諸人間有附注其入列傳者則但注有傳或附其

某傳以歸簡省

一兹編義取正譌補闕凡原書舛誤遺漏及空言論斷未見確當之處或更正或刪除惟期實事求是並非故與爲難至事實無甚異同者悉用原文孟堅漢書多仍史記比物此志也

一舊志卷帙遞有增加時爲之也原書四十八卷兹編又多二卷踵事增華理有固然蓋志書義取翔實務使開卷瞭然足備徵考若必有意就簡强爲節縮以致文艱義晦轉乖徵實之義矣閱者諒之

一原書各條與舊志有異附有案語者茲編或不備載以省篇幅蓋兩書既並行自可參考而知也

上虞縣志校續目錄

上虞縣志校續卷首

天章

順治十年

諭祭故明戸部尚書兼翰林院學士今謚文貞倪元璐之靈曰文章華國節義維風有一於此殁有餘榮維爾元璐遭時不偶爾骨欲寒爾名不朽不朽維何文山之歌似爾正氣伊誰較多爾才鬱勃砰礴江左弱歲聯翩赤墀青瑣再任成均德重型尊暫蹶復振主眷方殷司農告匱命爾擘畫無米胡炊與時同蹶寇躪都門維絶柱崩君死社稷

而爾死君嗚呼衣冠楚楚結纓不苟附髯攀鱗喜隨君後泰山鴻毛死爲重輕疇能似爾不媿科名地有河嶽天有日星爾名並垂振古如生特隆諭祭尚其歆承

康熙十七年四月二十二日廣西巡撫傅宏烈奏故撫臣馬雄鎮幕友陳文煥等周旋患難冒險來歸忠君信友兩全其美伏乞

敕部敘錄以鼓義士之氣得

旨據奏原任廣西巡撫馬雄鎮抗詞罵賊精忠報國並家口殉難忠貞慘烈深可憫惻作何恩卹著議政王大臣等

會議具奏陳文煥等冒險來歸可嘉著一併議奏

雍正三年十二月二十日署浙江巡撫福敏䟽紹興海塘工程原議皆用條石後以條石不易購致限期已迫遂用條石托外亂石填中今恐日久坍塌仍改用條石請寬限期督率改築得

旨海塘工程關係民生最爲緊要必須一勞永逸若因條石一時難以購致從前便當聲明緣由奏請展限何得草率從事著交與新任巡撫李衛悉心查勘指示更改修理務期永遠堅固張楷在江南修理塘工用木樁密釘似爲

有益可否倣行並令李衛酌量

乾隆元年三月初一日

諭朕聞浙江紹興府屬山陰會稽蕭山餘姚上虞五縣有沿江沿海隄岸工程向係附近里民按照田畝派費修築而地棍衙役於中包攬分肥用少報多甚爲民累嗣經督臣李衛檄行府縣定議每畝捐錢二文至五文不等合計五縣共捐錢二千九百六十餘千計值銀三千餘兩民累較前減輕而胥吏等仍不免有借端苛索之事朕以愛養百姓爲心欲思閭閻毫無科擾著將按畝派錢之例卽行

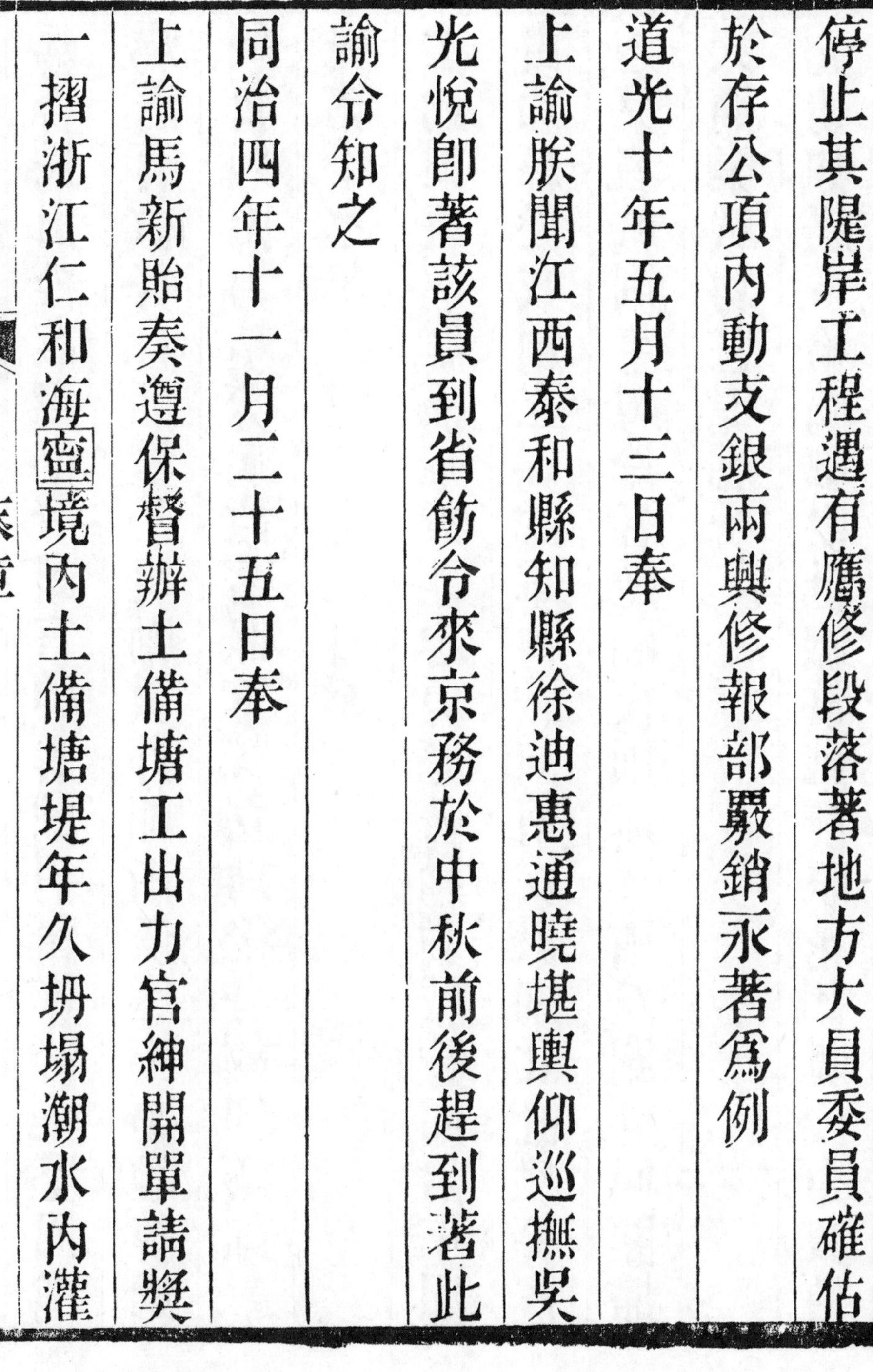
停止其隄岸工程遇有應修段落著地方大員委員確估
於存公項内動支銀兩興修報部覈銷永著爲例
道光十年五月十三日奉
上諭朕聞江西泰和縣知縣徐迪惠通曉堪輿仰巡撫吳
光悅即著該員到省飭令來京務於中秋前後趕到著此
諭令知之
同治四年十一月二十五日奉
上諭馬新貽奏遵保督辦土備塘工出力官紳開單請奬
一摺浙江仁和海寜境内土備塘堤年久坍塌潮水内灌

爲害民田經該撫飭令該官紳等勸捐督辦修築堅固尙
屬著有微勞自應量予獎勵員外郎銜候選主事經緯始
終奮勉出力積勞病故著照軍營立功後身故例議䘏
光緒十七年七月二十三日奉
上諭山東巡撫張曜秉性忠勇歷著勳勤咸豐同治年間
由知縣從戎創立嵩武軍轉戰河南安徽湖北直隸等省
迭克名城剿平粵捻各逆嗣復剿辦甘肅及關外回匪掃
穴擒渠戰功甚偉歷受
先朝知遇賞給騎都尉世職賞戴雙眼花翎陞授布政使

改補總兵擢任提督朕御極後因回疆肅清給予一等輕
車都尉加一雲騎尉世職補授廣西巡撫加尚書銜調任
山東巡撫於山東黃河尤能悉心擘畫親歷河工督率工
員力籌修守實屬勤勞罔懈前經迭奉
懿旨命帮辦海軍事務賞加太子少保方冀克享遐齡長
承倚畀昨因患病甫經賞假調理遽聞溘逝軫惜殊深張
曜着晉贈太子太保入祀賢良祠並於立功省分建立專
祠生平戰蹟事實宣付國史館立傳加恩予謚賞銀一千
兩治喪由山東藩庫給發照總督例賜卹任內一切處分

悉予開復應得卹典該衙門察例具奏靈柩回籍時沿途
地方官妥爲照料伊子知府張端本着遇有道員缺出請
旨簡放主事張端理着賞給員外郎張端瑾及伊孫張爾
常均着俟及歲時由吏部帶領引見用示篤念藎臣至意
欽此

上虞縣城圖

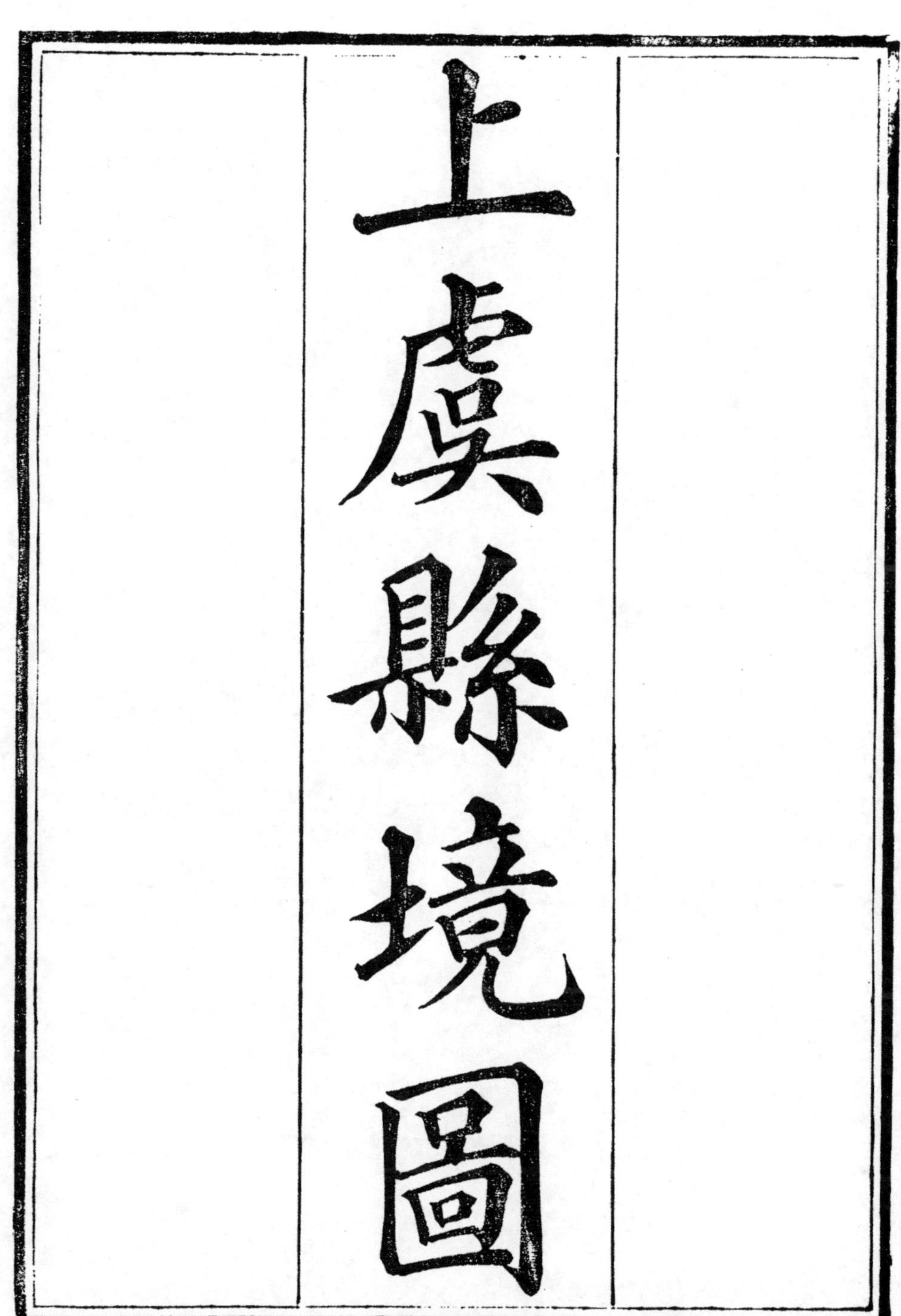

上虞縣境圖

附道里紀案此紀據光緒二十年浙省輿圖局新頒石印本排編里數較舊志俗傳均少測量有不同也

城中遵用工部營造尺以西尺之一分即營造尺一分但西尺每寸祇八分以十二寸九十六分爲一尺今外加四分以足營造尺之用每里計營造尺一百八十丈

東啟文門敵樓中心起沿城至百雲門敵樓中心止二百二十七丈七尺

南百雲門敵樓中心起沿城至通澤門敵樓中心止四百四十七丈七尺

西南通澤門敵樓中心起沿城至鎮武門敵樓中心止二百三十四丈五尺

西鎮武門敵樓中心起沿城至靖海門敵樓中心止二百九十三丈五尺

北靖海門敵樓中心起沿城至啟文門敵樓中心止一百六十五丈六尺

以上週圍共一千三百六十九丈合作七里六分零

東門至西門長三百八十三丈二尺合作二里一分三

南門至豐惠橋長一百三十六丈九尺合作七分六

西南門至通濟橋長二百四十七丈一尺合作一里三分七

北門至世仕坊長一百二十八丈一尺合作七分一

陸路

東門一名敵文門

幹路

探春橋　自東門外東行至此二分

東黃蒲橋　自探春橋東北行至此一里五分

謝家橋市　自東黃蒲橋東北行至此五里五分

甘家壩　自謝家橋市東北行至此九里五分與餘

姚縣分界

枝路

黃竹嶺　自探春橋東南行至此十一里八分嶺高三丈二尺

羅菴　自黃竹嶺東南行至此三里四分北通枝路之永和市計九里

後陳村東　自羅菴東南行至此一里與餘姚縣分界

枝路

姚郎鎮新堰壩　自東黃浦橋東北行至此四里九分

廣濟橋　自新堰壩東北行至此三里九分

湖閘　自廣濟橋東北行過夾塘市至此六里五分

與餘姚縣分界

界橋　自廣濟橋東北行至此六里三分與餘姚縣

分界

枝路

永和市　自謝家橋市東南行折而東北至此六里

八分

烏紗壩　自永和市東行至此一里九分

龍舌嘴　自烏紗壩東北行至此七里六分與餘姚縣分界

南門一名百雲門

幹路

上沙嶺　自南門外南行至此八里六分嶺高十二丈九尺

甘露亭　自上沙嶺南行至此三里二分

涼亭　自甘露亭西行至此七分

橫塘橋　自涼亭西南行至此七里六分

姨婆橋　自橫塘橋西行至此十一里三分

謝憩郵東　自姨婆橋西南行至此四里六分

貢憩渡　自謝憩郵東首西北行過章家埠鎮又西南行過旁山西北至此十一里四分渡闊六十五丈

界牌　自貢憩渡西南行折而南過牛山東麓至此二里九分與嵊縣分界

枝路

雙溪橋　自甘露亭東南行至此六里

下管市　自雙溪橋東南行至此八里四分

通澤廟溪橋　自下管市東南行過塔嶺又東行過

石壁嶺至此九里

生畈村　自通澤廟溪橋東南行至此九里

虹橋村　自生畈村南少東行至此四里四分

黄家莊　自虹橋村東南行至此十三里四分與餘

姚縣分界

夏家嶺　自通澤廟溪橋東北行至此十一里六分

與餘姚縣分界

枝路

丁宅街市　自涼亭西南行至此二里四分

官山嶺　自丁宅街市西南行至此六里九分

張村　自官山嶺西南行至此六里八分又西南曲折行八里四分至姨婆橋入幹路

枝路

紫塘山麓溪橋　自謝墅郵東首東南行至此十里八分

萬安橋　自溪橋東南行過陰潭郵又曲曲東行至此十六里一分

阮莊郵　自萬安橋東北行折而東南至此八里七

分

前岡廟 自阮莊邨東南行至此十里六分

巖頂山西首 自前岡廟東南行至此六里五分與

寧波奉化縣分界

枝路

方秋橋 自牛山東麓西北行折而北至此四里二

分

貼水橋 自方秋橋東北行至此六里七分

大山麓小橋 自貼水橋東北行折而西北曲曲至此

七里一分

五婆嶺　自小橋北行曲折至此五里八分嶺高三丈與

會稽縣分界

西南門一名通澤門

幹路

小石橋　自西南門外西北行至此七里四分

黃茅嶺　自小石橋西南行至此六里一分嶺高八丈四尺

蒿壩鎮　自黃茅嶺西北行過蒿壩渡至此十一里

五分水深一丈二尺渡闊六十三丈

鳳凰山麓　自嵩壩東行折而北至此七里三分與

會稽縣分界

枝路

上浦市　自嵩壩鎮西南行至此十里九分

獅子山東南　自上浦市西南行至此二里二分與

會稽縣分界

西門一名鎮武門

幹路

西黃浦橋　自西門外西北行至此二里八分

華渡橋　自西黃浦橋西行至此四里三分

梁湖鎮鎮安橋　自華渡橋西北行至此八里九分

梁湖壩　自鎮安橋西行過無量橋又西少北行至此五里五分抵曹娥江濱

枝路

百官鎮　自鎮安橋西北行至此六里九分

丁家壩　自百官鎮西北行至此三里五分以下爲曹娥江

塘路

施家堰邨　自丁家壩西行折而東北復折而西北

至此八里九分

呂家埠　自施家堰郵西北行過章家市又西南行過西華市至此八里八分

前朱村　自呂家埠西北行至此十二里二分

後朱村西　自前朱村西行折而西北至此二里六分與會稽縣分界自分界後入會稽縣境西北行折而東至纂風鎮北復入本境計木木里

湯家瀝郵　自纂風鎮北復入本境又東行至此九里五分以下爲北路海塘

夏蓋山鎮　自湯家瀝邨東南行過老茶亭又東北行至此七里八分

豎塘廟　自夏蓋山鎮東北行過夏蓋山西北麓至此八里八分與餘姚縣分界

汔可亭　自湯家瀝邨西行至此四里二分又西行五里二分與會稽縣分界

崧廈鎮　自施家堰邨西首北少西行至此八里二分

安𡩋橋　自崧廈鎮西北行至此十三里五分

瀝海所城東門　自安寧橋西行越會稽縣境至此四里三分城周三里五分東門南門屬本境西門北門屬會稽縣境

所城南門　自所城東門西少北行折而南至此一里一分又越會稽縣境南行四里至前朱郘與本條支路合

北門一名靖海門

幹路

五婆嶺　自北門外西北行至此五里三分嶺高七丈

永安橋西涼亭　自五婆嶺北行過孝聞嶺高四丈八尺至

此七里四分

橫塘廟市　自涼亭北行至此三里二分

馬慢橋　自橫塘廟市東北行過谷嶺至此六里九分

惠忠橋　自馬慢橋西北行過沙袋嶺又東北行至此五里一分

東羅村　自惠忠橋西北行至此一里一分

五車堰鎮大通橋　自東羅村北行至此四里六分與餘姚縣分界

橫山閘　自大通橋西北行至此一里八分北行至西門枝路之豐塘廟計七里八分

謝家塘市　自橫山閘西北行至此七里四分又西南行四里二分強至夏蓋山鎮與西門幹路內自鎮安橋起之枝路合

枝路

黃冉嶺　自永安橋西涼亭東行過徐家郵又東北行至此十一里六分與餘姚縣分界

枝路

五夫鎮　自馬慢橋東行至此四里五分

西湖塘沿　自五夫鎮東行過長壩至此二里與餘姚縣分界

驛亭鎮　自馬慢橋西行至此六里又西南行十二里六分至百官鎮與西門幹路內自鎮安橋起之枝路合

小越鎮　自驛亭鎮北行至此五里六分又東少北行三里九分至惠忠橋入幹路

枝路

馬家堰鎮　自東羅村東北行至此三里九分與餘姚縣分界

新堰壩　自馬家堰鎮東南行越餘姚縣界至此五里又南少東行三里五分至五夫鎮與自馬慢橋起之枝路合

水路

曹娥江一名舜江

經流

姥山鄉西南　曹娥江自嵊縣流至此入境又東北

曲折流至十里灣頭邨十里强

章家埠鎮　自十里灣頭邨東北流至此六里五分

念魚山　自章家埠鎮北流至此二里八分有黑龍潭溪自龍潭溪自東來會之見後

青山渡　自念魚山西北流至此九里二分

五婆嶺麓　自青山渡北流至此二里一分水深九尺五寸面闊六十一丈五婆嶺麓迤東北與會稽縣分水以下至獅子山東南皆同

小江口　自五婆嶺麓東北流至此二里二分水深九尺八寸面闊六十一丈二尺有會稽縣小舜江水自西來注之

獅子山東南　自小江口西北流至此二里六分

蒿壩渡　自獅子山東南首東北流至此十一里七分水深一丈二尺面闊六十三丈

梁湖壩　自蒿壩渡東流折而北少西過曹娥渡至此九里三分水深一丈四尺面闊六十二丈其東爲四十里河見後梁湖壩對江爲會稽縣曹娥鎮之拖舟壩自此迤西北仍與會稽縣分水以下皆同

百官壩　自梁湖壩東北流至此四里其東爲馬渚横河見後

丁家壩　自百官壩西北流至此三里八分水深一丈四尺面闊七十三丈

呂家埠村　自丁家壩西北流至此十四里

賀家壩　自呂家埠村西北流至此六里

前朱村　自賀家壩西北流過華宮壩至此五里水深二丈一尺面闊一百九丈

楝樹壩渡　自前朱村西南流至此八里水深二丈三尺面闊一百三丈

備塘西南　自楝樹壩渡西流至此四里二分與會稽縣分界對江爲會稽縣之黄公溝

枝流黑龍潭溪

將軍帽山　黑龍潭溪自此發源北少西流折而東至黑龍潭村五里

虹橋　自黑龍潭村東北流折而北少西又折而西至此五里

石壁嶺麓　自虹橋西北流至此九里三分

下管市　自石壁嶺麓西北流至此六里

雙溪橋　自下管市西北流至此九里七分

丁石街市　自雙溪橋西北流折而西南至此四里五分

橫塘橋　自丁石街市西南流至此六里

新墅村　自橫塘橋曲折西流至此九里又西南流六里八分至念魚山會白龍潭溪入曹娥江水深六尺面闊三十丈

枝流白龍潭溪

海島山西麓　白龍潭溪自嵊縣秀尖山發源流至此入境又北流迤而西北至白龍潭村六里二分

阮莊村　自白龍潭村北流折而東北至此七里

萬安橋　自阮莊村西北流折而西南至此八里四

分

丁夾嶴村　自萬安橋曲曲西流至此十一里

寺橋　自丁夾嶴村西北流至此十里五分水深五尺五寸面闊五丈又西北流十一里五分至念魚山麓會黑龍潭溪入曹娥江

四十里河

經流

裏梁湖鎭　四十里河自曹娥江之梁湖壩起亦第

納洪山湖面積二里周五里　皁李湖面積十二里周十六里　西溪湖

面積三里五分周八里及諸山溪之水東南流至此五里五分

西黃浦橋　自裏梁湖鎮東南流至此十三里二分水深八尺面闊四丈分一支東南流穿城至老通明閘止

落馬橋　自西黃浦橋東流至此四里二分分一支東南流會城河至老通明閘

新堰壩　自落馬橋東北流至此五里六分以下又名十八里河

界橋　自新堰壩東北流過下木橋至此十二里一

分與餘姚縣分界水深九尺面闊三丈六尺

通明江又名姚江

經流

老通明閘　通明江自此承四十里河之二支水起東北流至謝家橋市四里水深四尺面闊五丈

安家渡橋　自謝家橋市東北流至此七里一分

永思橋　自安家渡橋東北流至此三里一分與餘姚縣分界

馬渚橫河

經流

石堰北　馬渚横河自曹娥江之百官壩起納衆小溪水東北流至此十一里六分北連小越湖及牛山泊南爲白馬湖面積五里周十一里

萬盌橋　自石堰北首東流過驛亭鎮至此三里南爲西泊湖

馬慢橋　自萬盌橋東流至此四里南爲東泊湖

長壩　自馬慢橋東流至此六里五分與餘姚縣分界

上虞縣志校續卷一

道里記

上虞學宫圖

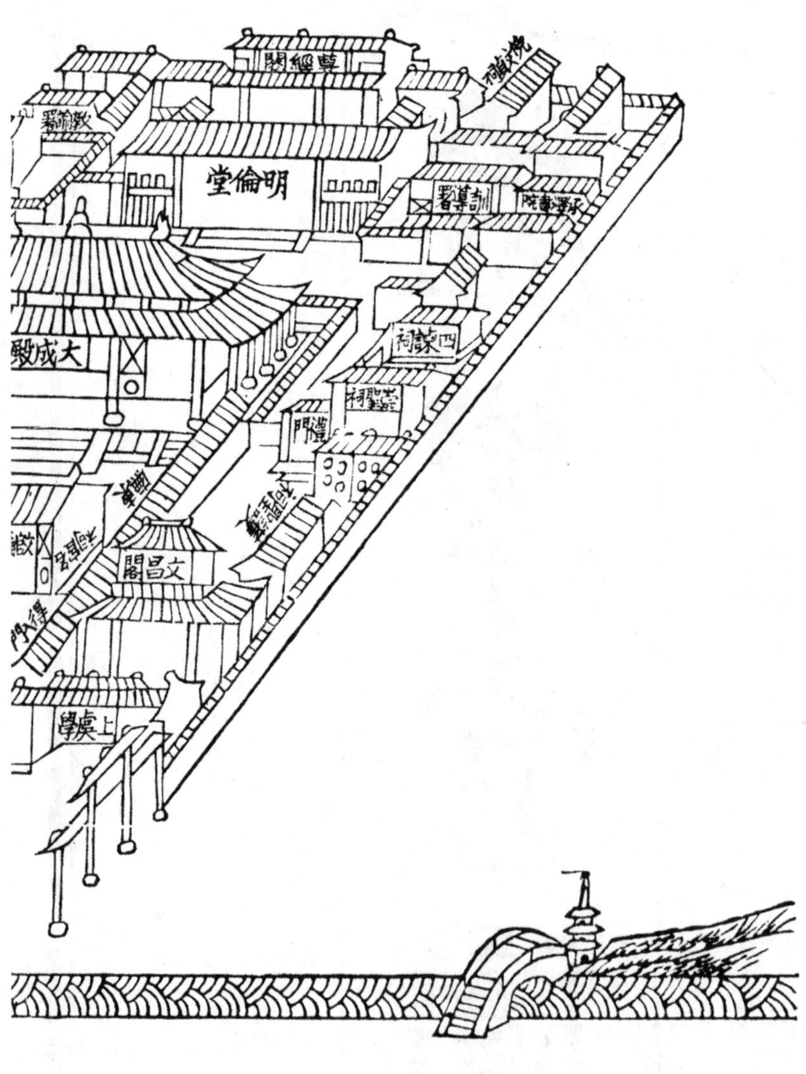
尊經閣
敎諭署
明倫堂
訓導署
大成殿
四賢祠
先聖祠
儀門
文昌閣
上虞學

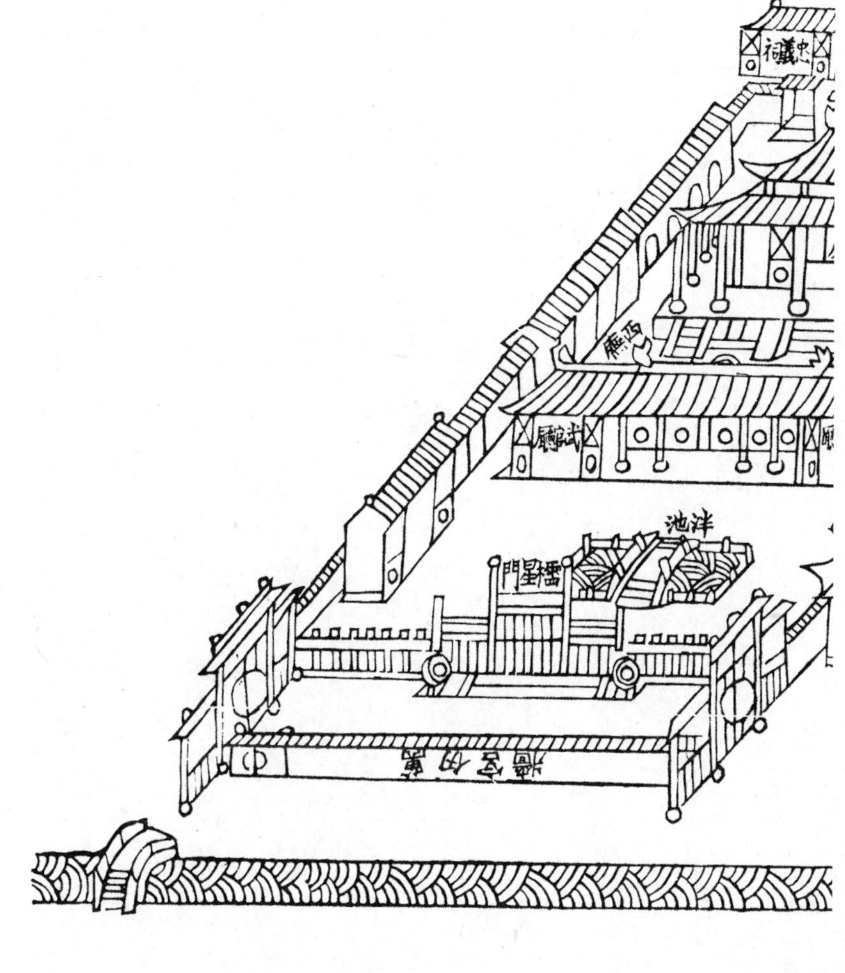
忠義祠
西廡
武官廳
泮池
櫺星門
萬仞宮牆

上虞縣署圖

龍王堂
忠節公祠
書房
住房
住房
三堂
二堂
大堂
土地祠
宅門
縣丞署
科房
住房
大堂
城守署
土地祠

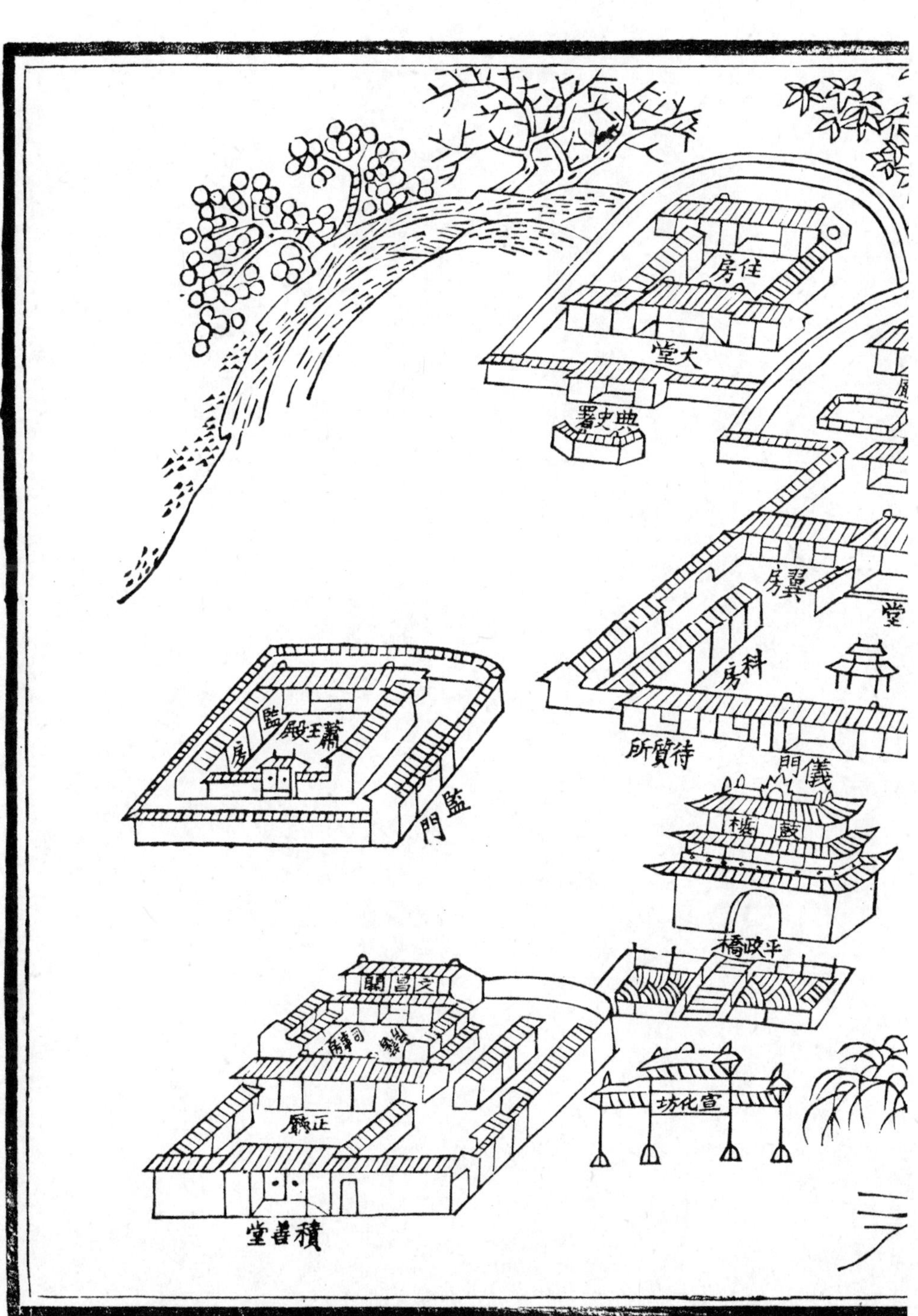
住房
大堂
典史署
翼房
科房
堂
待質所
儀門
鼓樓
平政橋
宣化坊
蕭王殿
監房
監門
文昌閣
正廳
積善堂

經正書院圖

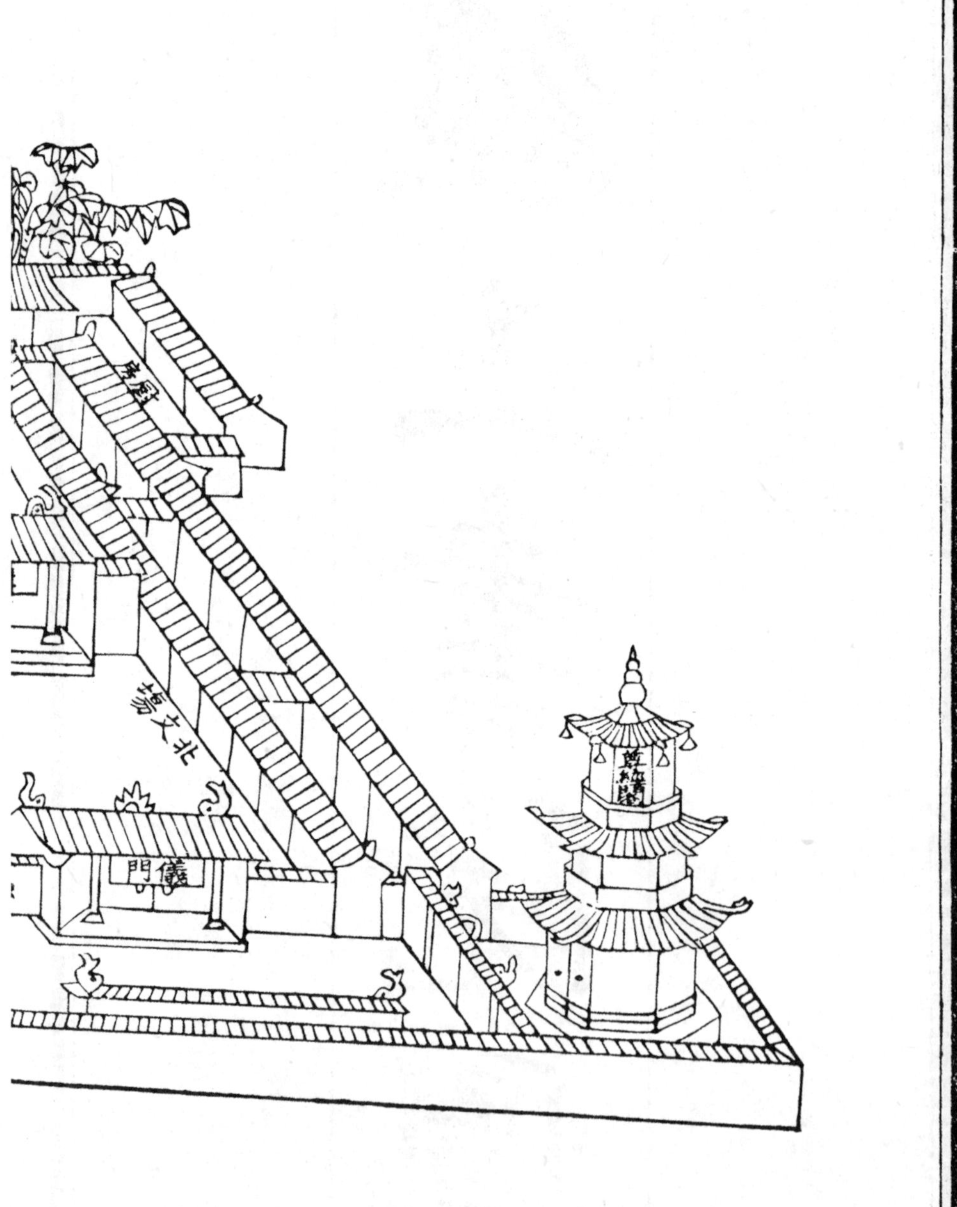
北文墻
儀門
尊經閣

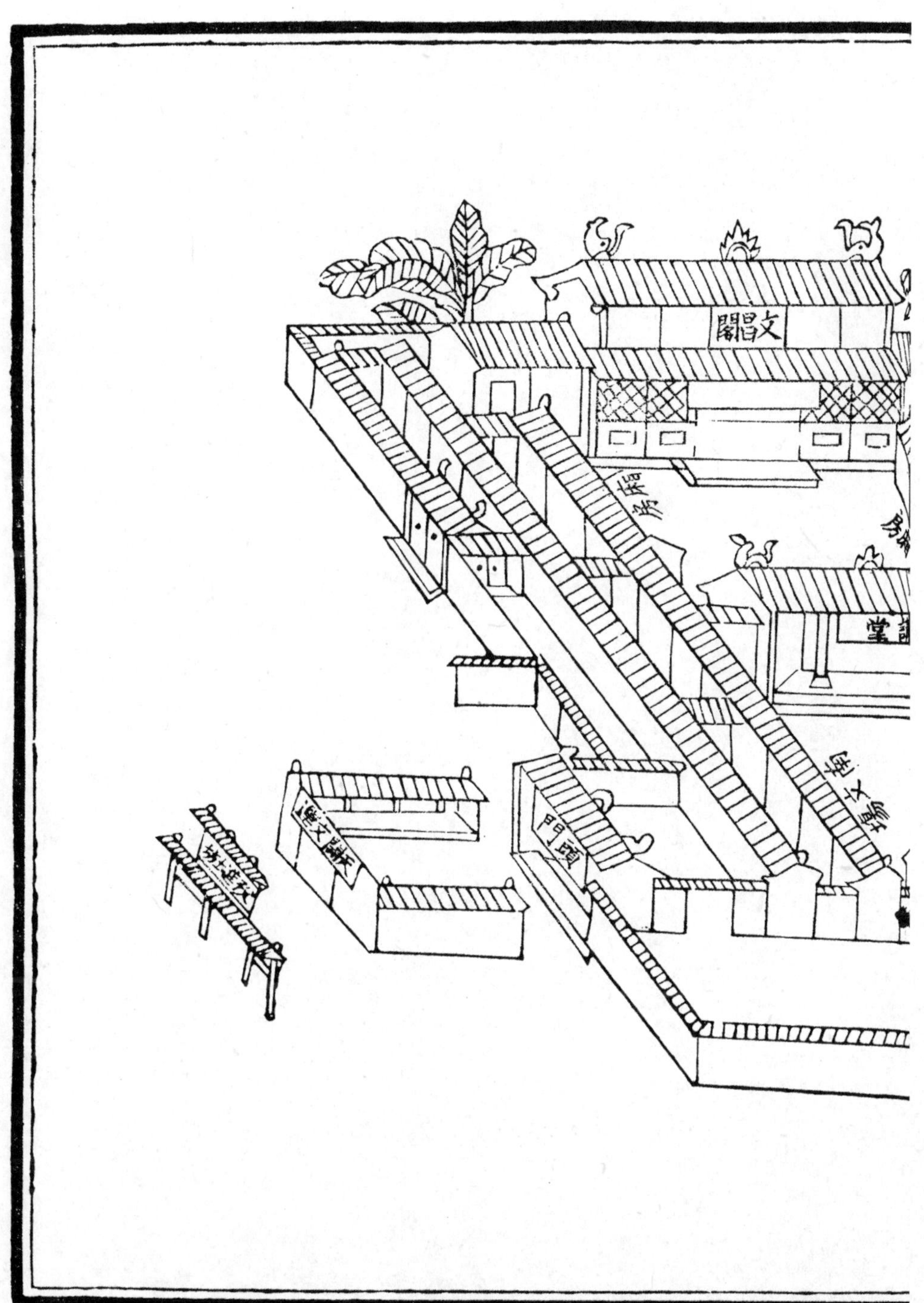
文昌閣
廂房
堂
頭門

上虞縣志校續卷二

沿革表

歷代	統部	州郡	縣境
唐	荒服		舜避丹朱於此
虞	揚州之域		舜支庶封地
夏	揚州之域		
帝少康	揚州之域	於越	
商	因夏制		
周	揚州之域	越國	

秦始皇二十五年		會稽郡	上虞縣
漢		會稽郡	上虞縣
元封五年	揚州部	會稽郡	上虞縣
後漢永建四年	揚州部	會稽郡	上虞縣
			始寧縣
三國	吳	會稽郡	上虞縣
			始寧縣
晉太康元年	揚州	會稽郡	上虞縣
			始寧縣

年代	州	郡	縣
東晉	揚州	會稽國	上虞縣 始寍縣
咸和四年	揚州	鄶稽郡	上虞縣 始寍縣
宋 永初元年	揚州	會稽郡	上虞縣 始寍縣
元嘉三十年	會州	會稽郡	上虞縣 始寍縣
孝建元年	東揚州	會稽郡	上虞縣

			始甯縣	
大明三年	揚州	會稽郡	上虞縣	始甯縣
大明八年	東揚州	會稽郡	上虞縣	始甯縣
永光元年	揚州	會稽郡	上虞縣	始甯縣
齊	揚州	會稽郡	上虞縣	始甯縣

梁 普通五年	東揚州	會稽郡	上虞縣
			始寧縣
太和元年	揚州	會稽郡	上虞縣
			始寧縣
陳	揚州	會稽郡	上虞縣
			始寧縣
天嘉三年	東揚州	會稽郡	上虞縣
			始寧縣
隋 開皇九年	吳州總管府	吳州	縣廢

年代	道府	州郡
大業元年		越州
三年		會稽郡
唐武德四年	越州總管府	越州
七年	越州都督府	越州
貞觀元年	江南道	越州
開元二十一年	江南東道	越州
天寶元年	江南東道	會稽郡
乾元元年	浙江東道	越州
大歷十四年	浙江西道併入	越州

建中元年	浙江東道分	越州	
二年	浙江西道併入	越州	
貞元三年	浙江東道分	越州	上虞縣
長慶初年	浙江東道	越州	縣廢　後復置
中和三年		義勝軍	上虞縣
光啟三年		威勝軍	上虞縣
乾寧三年		鎮東軍	上虞縣
五代梁開平初年	吳越國	東府	上虞縣
宋太平興國三年		越州	上虞縣

至道三年	兩浙路	越州	上虞縣
大觀元年	浙東路	越州	上虞縣
紹興元年	兩浙路	紹興府	上虞縣
元	兩浙都督府 後立行中書省	紹興路	上虞縣
明	浙江承宣布政使司	紹興府	上虞縣
國朝	浙江省	紹興府	上虞縣

附考

唐虞　舜支庶封地路史舜避丹朱於此故以名縣百官從之故縣北有百官橋亦云舜與諸侯會事訖因相娛樂

故曰上虞 水經注引晉太康三年地記

王振綱虞志備稿案水經注述上虞命名之義本太康地記云舜避丹朱於此晉書地理志亦云雖與路史舜之支庶或食上虞之說皆無確據要未可臆斷其是非也存之以備考

夏 禹會諸侯於會稽相與虞樂於此 十三州志 禹與諸侯會事於此相與虞樂而名 郡國志

備稿案十三州志及郡國志移虞舜之蹟屬之大禹則百官橋諸蹟又何以稱也其說妄誕姑錄之而附辨焉

商 因夏制 一統志

周 揚州域越國 一統志

備稿案國語句踐之地南至於句吳北至於禦兒東至於鄞西至於姑蔑則上虞地境當在四封之內

秦 屬會稽郡 一統志 秦上虞縣屬會稽郡 清類天文分野之書

備稿案史記秦始皇二十五年定荆江南地降越君置會稽郡治吳立縣當在此時

漢 會稽郡上虞有仇亭 漢書地理志 故縣城漢縣今廢城在縣西 太平寰宇記

備稿案南大吉郡志新莽時改上虞曰會稽建武初復舊

後漢 會稽郡上虞 後漢書郡國志 永建四年分上虞南鄉立始寍縣 賀續會稽志

備稿案後漢順帝永建四年用會稽守周嘉議分浙江以西爲吳郡以東爲會稽上虞仍屬會稽也賀續會稽記云分上虞南鄉立始寍縣何承天志亦云漢末分上虞立晉太康三年地志同續漢書郡國志無此縣當以

何志爲是

吳　仍漢制一統志　會稽郡上虞漢舊縣吳侯國始寧三國疆域志

晉　會稽郡統縣上虞始寧晉書地理志

東晉　會稽國上虞漢舊縣始寧漢舊縣東晉疆域志

宋　會稽太守領上虞始寧宋書州郡志

齊　會稽郡上虞始寧南齊書州郡志

梁　同前一統志

陳　同前一統志

隋　廢上虞始寧入會稽 隋書地理志

備稿案會稽縣志隋開皇九年平陳廢郡併山陰上虞始寧永興地置會稽縣是年改會稽郡爲吳州大業元年析會稽復立始寧是年改吳州爲越州尋復爲會稽郡萬歷志作開皇元年廢入會稽嘉慶志從之蓋未深考也

唐　越州會稽郡上虞 上 貞元中析會稽置 唐書地理志 長慶初廢入餘姚後復置移於此地 太平寰宇記

萬歷志唐德宗貞元元年刺史王密奏請復析會稽置上虞長慶初併入餘姚後復置又唐書地理志高祖武德四年以剡與始寧爲嵊州八年州廢始寧復歸上虞是後無變革爲上縣

備稿案唐書地理志謂貞元中析置元和郡縣志謂貞元元年析置是矣而萬歷志云貞元元年刺史王密奏

請復置考府志職官王密係代宗時任去德宗貞元爲時尚早不知何據也又案寰宇記蘭芎山漁浦湖百官橋並載入餘姚引夏侯曾先地志曹娥亦爲餘姚人以上虞曾併入餘姚故也嘉慶志則列於上虞[宏]治府志謂舊治在百官市長慶中移治今所不惟併而復析而且廢置不常則疆界之袤廣分合不可考其詳矣

五代　仍唐制 一統志 東府越州領縣上虞 十國春秋

宋　越州上虞 望○太平寰宇記 紹興元年改州爲紹興府上虞 望○宋史地理志

元　至元十三年改府爲紹興路領縣上虞 上○元史地理志

明　浙江布政使司紹興府上虞縣 明史地理志

國朝　紹興府上虞縣 中缺 繁疲 會典 上虞縣屬紹興府編戶

一百四十二里浙江通志

萬歷志曰案風土記舜東夷之人生於姚丘嬀水之汭指石之東姚丘本作桃丘又始甯界有舜所耕田今有吳北亭虞濱皆在小山裏去縣五十里對小江岸臨江山上有立石謂之指石俗呼爲公薪郡國志云上虞有姚丘舜葬之所東又有谷林云舜生之地復有歷山舜耕於此而嘉禾降之太康地記云上虞爲舜避丹朱之所夏侯曾先地志云姚丘郎舜母握登感垂虹之祥生舜之地寰宇記云漁浦湖乃舜所漁處而江村之間又有東西赤岸舜井古陶重華石糴米石虹樣村等名皆舜側微之遺蹟說者因而信之謂舜生於虞豈司馬氏之記非耶至若闞駰十三州志謂禹會諸侯於會稽相與虞樂於此地府志云虞衡掌山澤之利於其上故名則又併舜蹟而去之豈諸說盡妄耶夫數千年以前之事而區區欲懸定於紙上無參驗而必之愚也不能必而信之誣也與其鑿爲一定之論不若兩傳而闕其疑虞之舜蹟雖多而姚嬀之名散見於諸書者若濮州有

姚邱西城有姚方姚墟杜佑謂舜生於此長沙有嬀水祝阿故縣有濼水俗稱娥姜上有舜廟下開大穴爲舜井兖之泗源有陶墟又有舜井其西阜號嬀亭山下澤方十五里爲舜漁處郡國志言陽城邑西有舜田而今潭之益陽岳之沅江梁之重華並有虞帝城藍山有舜水舜鄉偃師西北有舜廟舜井嬀水汭水而上谷記洛城西南亦有歷山及舜廟水經注云歷城歷山上有舜祠舜井爲舜所耕處鄭康成言舜耕歷山在河東漁雷澤在濟陰作什器於壽邱皇甫謐云壽邱在魯東門之北河濱卽陶邱乃定陶西南鄉九域志謂濟南濮陽河中皆有歷山俱存祠廟而秦地池陽灃陽始寧上虞無錫並有之列子云舜耕河陽援神契云舜生姚墟應劭謂姚墟近雷澤寰宇記謂在雷澤縣東十三里而周處記言始寧界有舜所耕田山下多柞因謂櫪山以具區爲雷澤卽據諸書舜蹟之在上虞者什伯之一耳夫舜雖大聖止於一身何其遺蹟之多如此意者南巡時或爲駐蹕之故地陟方後或爲支庶之封邑民感其恩而子孫思表其德因隨在而立祠以祀之又想像其微時

之經歷者而指以名之則上虞之遺蹟蓋其後裔報本反始而不忘乃祖之烈云爾以故宋華鎮云舜之後封於會稽羅佖云舜之支庶或食上虞晦庵朱子亦曰上虞餘姚二邑皆以舜名而虞之村墟特多舜蹟者疑其子孫所封當有見也不然百官者豈眞舜避丹朱之地而百官相率以迎者耶或云姚邱止見於虞不知姚墟陶邱古字通稱總一類而已又以虞世南對唐太宗云諸馮在東海濱而據晴日地生鹽之語以實者非也諸馮爲春秋之諸浮冀州之地司馬氏非無徵也使舜果生於虞則握登聖母必葬於虞舜爲天子矣宜必封其墓如後世帝王之陵寢大禹親承其統身履其鄉亦必爲之表章舊里如後之湯沐邑而史皆絕不聞何也若夫指象田爲有庳之蹟則益無涉象田乃唐天祐十三年吳越錢武肅王所命名爲禪院者也虞之人豈不欲顯附大聖人以光其桑梓之鄉顧事屬傳疑並無的證庸敢誣之即如支庶所封亦不詳其何名始於何代而稍近實故從其說以竢後之博古者更參考焉

上虞縣志校續卷二

沿革表

上虞縣志校續卷三

職官表

歷代	知縣	縣丞	主簿	典史	教諭	訓導
秦	長 蕭誾	丞		尉		
漢	長 度尚有傳 辛敦	丞		尉	經師	
吳	令			尉		

	晉
史胄吳郡人 顧雍有傳 濮陽興陳留人 劉綱有傳	令 顏含有傳 傅晞有傳 周鵬舉有傳
	主簿
華覈有傳	部尉

宋	
令	華茂 徐祚之有傳 王隨之有傳 甘璺 王鎮之附隨之傳 王顒 虞季餘姚人
丞	
部尉	

齊

虞愿（弟虞季）

卞延之（有傳）

王晏

文靜

沈正

江淹之（濟陽人）

介

周洽（有傳）

徐陵 字孝穆東海郯人
陸昉 萬歷志入
宋

梁

令
景袠
蕭九思
池克恭
劉孝綽 彭城

八

陳

令

敬愬

賀拔僚

郁一

隋

廢上虞入會稽故不立表

唐

令

張名佚寶歷元年任

丞

方名佚會昌間任

蔣名佚大中間任

主簿

羅名佚大中間任

孫名佚

尉

呂生大歷間任

嚴名佚會昌間任

金堯恭二年任有傳　王名佚會昌三年任　崔協大中元年任有傳　常名佚四年任　馬名佚　欒思復
胡名佚字百篇
郭名佚會昌間任　周名佚會昌間任　李名佚大中間任　鄭名佚大中間任　第伍名佚　沈名佚　馬名佚

五代

令

王昌裔　瑯琊臨淄人

葛政一　瑯琊人

裴昌符

宋

知縣

盧釋　通澤廣利侯廟碑作樺乾德中

丞

張漸　熙寧中任

張時憲　永任嘉

主簿

何琢　元祐五年

尉

孫漸　萬歷志作張漸

學官

李晉明

黃士表

任 仲贊善雍熙三年任見遺德廟碑 裴煥 王存有傳 謝育 陳彥臣 吳堯 劉損長興人熙

人元祐辛未進士 唐閒山陰人 江公亮政和中任有傳 婁寅亮建炎初任有傳 樓塤湻熙十二年任 樓湻字質夫鄞

孫衍字廣伯政和三年任 沈遷臨海人乾道己丑進士 張彰湻熙十二年任 蘇名佚 孟致中 錢觀光瑞安

馬季良 游充元祐四年任 向涿字道源政和三年任 沈渙乾道閒任有傳 薛寇湻熙十二年任

李孟陽 劉溫舒 劉昌朝 張集父以上俱湻熙中任 田汝源景炎元年任

盛庚戌進士元豐四年任

余彥明元祐五年任

魏柄臣

張堂

吳著西安人元祐戊辰進士

李景行

郭契敷襄邑人見郭圭傳

王濤淳熙間任

羨邦

范承家從正統志諸志家作蒙誤

張偘

周大受

人紹熙庚戌進士

趙孟直一名孟銑鄞人

錢績嘉定元年任

薛師魯嘉定十七年任

楊珏字君寶鄞人紹定二年進士

周伯起

朱南强安吉人紹聖甲戌進士	蔣璘	錢翊	王興	戴延興	趙子珉	熊挺	席彥稷政和	
張元霈沐人	王寶	陳祿						

三年任
字相伸
詹從儉
謝思德舊志
作師
德
姜埃
朱俊
張轔濟南人靖
康元
年任
陳休錫建炎

元年任有傳
丁隲
趙不𢬵紹興
二年任有傳
王愬紹興初任
張彥聲紹興初任
郁潔
宣直道

王思

林霆

張紘

柯若欽

錢康

葉顒　紹興二十四年任有傳

趙澄

周梴

俞翊

方溥

張恕

陳炳紹興中任

有傳

錢似之乾道

初任

倪思青州人乾道二年進士

韓康卿

章駒

鄭南歸安人紹興甲戌進士

朱佾嘉興人紹興丁丑進士

汪大定淳熙四年任有傳

何楷

劉篔吳興人十一年任

葉元泳附葉顯傳十四年任嘉慶志列景定間誤

戴閶之永嘉人淳熙乙未進士十五年任

商飛卿字疊

仲臨海人
淳熙乙未
進
士
林谷
施廣求慶
元
中
任
王檝
陳偲
張佺齡
鄭抗

趙希惠　慶元間任

孫逢吉　鄞人慶元乙卯進士

袁君儒　嘉定中任

梁鑰

李湛

樓杓　十七年任

有傳

高衍孫四明

八

趙希賢紹定

初任

胡燿府志作矔誤

蓋溥附樓杓傳

趙汝珣

三

劉常先衢

人

趙希悅

何宗斐府志

作宗

裴

趙希均紹定

末年

任

魏珉[淳]七年祐

任

史一之字子貫鄞人

陳寅

盛天錫

趙崇檠

趙時徵鄞人

寶祐中任

張瑞秀

廖由景定二年

任

張志立

陳漢炳曾孫附

炳傳

趙若璘

陳皐蜀陵陽人

徐松

陳漢

王琰咸淳元年

署任

陳迪

趙安仁景炎中任

元

達魯花赤

烏馬兒至元間任

火你赤二十五年任

尹

展熙至元二十一年任

李文道二十五年任

主簿

孟逞

余自明至元二十五年任

朱孛羅歹

尉

吳源

張興至元二十四年任

馬鯨

典史

沈浩

貝處仁

苗德寶

蔣新

教諭

方仲達餘姚人

黃廷韶三山人府志作廷詔誤

瞻思丁二十八年任	王璘二十九年任有傳	粘割貞	王政	朱瑞	黃和中號秋畦邑人
阿魯不思	趙泰	時鑑大德三年任	楊誠	王瑞	李炎午蜀人
兀合赤	朱文魁	木八剌沙	阿里	王顥嘉慶志作王顯今據正統志	徐公著錢塘人
馬合麻	阮惟貞大德七年任附王璘傳	相京	朱晉臣	趙璧	
阿里牙荅		孫彧	翟諒	葉懋	趙與權三山人
思	張鑑	燕桂卿	翟居德	毛克己	
速來蠻沙	李德	楊天佐	耿聰	王翼	陸時舉婺人
忻都	曹濟	李家奴才	劉仁	吳文慶	張杰錢塘人
			陳甫		

馬思忽至治元年任有傳
金剛奴
伯帖木兒
帖木赤
忙古歹
忽禿魯沙
偰烈圖至正七年任

韓僊
徐貞
張屋有傳
孫文煥南陽人至治三年任
許思忠泰定中任
蕭思溫
王肅

寶
張光祖
沙的
也先忽都魯泰定二年任
葉瑞
阿散至順中任
賈謙
海魯丁後至

木八剌沙
趙元齡宛邱人有傳
袁居敬
董祥河間人後至元三年任
張學祖
鄭仲賢
楊孟文

李雄
徐文華
鄭元慶
湯國清
張彬
徐天麟
陳拱
吳貴
鄖榮

談志道越人
史范卿鄞人
張酉先餘姚人
趙文炳剡人
汪與懋鄞人
王叔毅暨陽人
喻舉越人大德

佛家奴十二年任有傳　買閭
丁允文元統二年任　智紹先後至元二年任有傳　張桒兒列歹後至元初任　李孝義至正二年任有傳正統志李尹去思碑作好義
元六年任金臺人　馬合麻至元間任　史潤祖字元提京光人　列古沙後至元中任正統志作至正六年任　李敏十年任
吳質至正間任　曹處恭　酈士銑諸志銑作鋭據正統志正　詹鼎
翁鍾英諸志英作榮今從正統志　葉迪　周善富　劉榮元統中任　王君裕　周德允正統志作姓劉　王允中
中任　任士林字叔寶奉化人大德七年任金石志作程士林　周師式剡人　唐定金華人　厲和甫天台人　嚴重鄞人

于嗣宗至正六年任有傳
張叔温八年任有傳
林希元二十年任有傳
李睿十六年任有傳
韓諫十九年任

王應成
李珪
朱珍

高文華府志作文煜
湯國璿
駱天澤
張慶富
徐文杰至正十年任
王世英
連璧

陳紹參奉化人
林景仁天台人
張謙三衢人
項鼎之永嘉人
繆元杲天台人

有傳
朱克恭聞喜人
王芳字雅芳黃嚴人二十二年任
陶煜黃巖人
張庸慈谿人
蘇松進士
沈煜

戴俞至治中任
三衢人
潘國賓永嘉人
金鉞永嘉人
史公頤鄞人
王蘅金華人
柳元珪邑人
胡德輔邑人

據府志

施澤 金華人

徐景熙 西安人舉經明行修

金克讓 三衢人

孫去棘 鄞人

朱渠 慈谿人至正十一年任

陳子暈奉化人十四年
任有傳
陳友諒
汪名佚餘姚人
鄭桐餘姚人
胡璉餘姚人
郭溥鄞人

明　洪武

知縣　趙允文元年

縣丞　賈企

主簿　白維奴

典史　倪彌

教諭　孫叔正

訓導　任素邑人

任有傳
張昱
范麟正統志作花麟
張易萬歷志作張翼今從正統志
黃友直
王惠
王子艮

達貫道五年任
蕭伯成
魏季清
馬志文
張名
吳敏學

韓雲
史文郁四年任
崔子敬
李煦
徐煥文
姚文用
姚德衡諸志衡作行今從正統志

王政
楊澄
蕭政
師高昌
張毅嘉慶志作張㲉今據正統志正
林原

孫思忠
李文仲萬歷志作仲文
朱昇字彥升無錫人洪武初舉明經
霍敬
盛安丹徒人
陳英號屐山安福人

黃韶邑人
薛文舉邑人
俞尚禮邑人
臧元安會稽人
趙鳴玉會稽人
夏暄邑人

	建文
李惟中萬歷志作惟忠今從正統志 胡文煥餘姚人	馬馴元年任有傳 胡敏四年任附馬馴傳
	薛棊
侯溥	李彬二年任
	陳仕二年任

永樂	宣德	正統
楊奐八年任，附馬馴傳　鄭行簡有傳　楊澄漢陽人	黃綜　吳倖字以廉，松江人，三年任　湯振	李景華東莞
田玉　陸和　林東長	趙智　呂洪撫寧人　張準滄州人	毛誠
夏介　劉仲環	方端嘉慶志作方瑞	閻誠
譚清	張智鳳陽人，嘉慶志作天順中任，今從備稿	胡浩儀封人嘉
魏福建安人　薛常生邑人	黃榮應天人　趙濟	曹巨川泰和
陳謨邑人　陳秉文	王衡宜興人　康勉上海人　郭惟中龍泉人	何林洪閩人

	景泰	天順
人 曾昂四川銅梁人正統壬戌進士	房蔡 唐啓金谿人四年任	蕭宏有傳 吉惠丹徒人字
張璡清河人	李璋[寍]國人 陳榮閩縣人	田玉
姜文華以上二人嘉慶志作宣德中任府志作萬[歷]中任今從刊補	田茂 周澄字原潔巴陵人	賀珣府志列典史誤
慶志作天順中任今從備稿 陳泉九年任據于謙泗洲寺碑記增	尹宏沭陽人嘉 慶志作天順中任今從備稿	陳釗高郵人 譚瀛嘉慶志作
人 人 盛景金華人舉	顧[璉]安福人	曾用濟嘉慶 志作景泰中任今從
	楊瓛長洲人	朱復莆田人 歐陽進安福

成化
宏治

澤民
黃錦鄭州人
謝綱灤洲人
邢昊字仲高華亭人丙子舉人十四年任
史俊
林球東莞人元

蔣仕欽府志作士欣
雷福南昌人

黃隆
何進嘉慶志作天順中任今從備稿
林欽漳州人

譚清
傅海灤洲人嘉慶志作天順中任今從備稿

備稿
高應淮安人舉人
趙泰安福人
劉唯貫安福
人
陳仲堅
馬慶有傳
李長源莆田

人
惠榮長洲人舉人
方公瓚莆田
人
朱豫安福人
潘貴
羅清荆門人
陳繹嘉慶志作

年任
涂縉新城人嘉慶志涂作余據正統志正
蘇奎常熟人
陳祥十六年任有傳
汪度十八年任有傳萬歷志作正德

張煬新建人
張邦憲宜興人

陳恕
王恂

人
曹佾武進人
趙勣常熟人舉人

成化中任令從備稿
王浴沂長樂人
蕭充鄱陽人
張伏婺源人
陸嘉鯉桂林人舉人
陳怡鄱陽人
王朝臣安福

年甲佚

中任誤

費名佚

人舉人

正德

陳賢長樂人府志作陳言

伍希儒字汝眞安福人進士十一年任

劉近光字汝敬廬陵人進士十二

劉文華安福人嘉慶志作宏治中任

人

屈必登歸州人

陳昂江夏人

人

劉一中

衞儒

王文室太原

陳紹皐延平

蔣士欣

張翰

楊詔豐城人

穆崧

胡傑臨桂人舉

人

陳轍閩縣人舉

人

王思明

鄭深

左璧涇縣人

符璽新喻人

易文元桂林人舉人

年任	嘉靖
	陳獻可萬歷志作獻文　陳大濩長樂人　楊紹芳三年任有傳　左傑字木泉恩縣人八年任
	陳大道四川人進士　楊岱建甯人　陳世文潛山人　陳采華亭人　蔡鎧　曹博長洲人
	鄭瓏　林子艮　張得陝西人　夏曦長洲人　胡坤號明山
	袁震　劉相莆田人　吳鳴鳳蘇州人　陽美　潘正海　俞桂興化人　徐廷芳
	白經儀徵人舉人嘉慶志作正德中任今從備稿　虞楚鄱陽人　張全婺源人舉人十六年任　嚴潮松溪人舉人十九年任
	彭英有傳　陸翱太倉人　吳演新建人　林應鴻福甯人　桂薰贛縣人　夏梁溆浦人　曾舟號清溪泰

江南山東濟陽人九年任　左傑十年復任　張光祖頴州人十四年任　鄭芸十七年任有傳　莫踰距桂林人

王萬珀　韓梅　李守玉　林廷枌號小山閩人三十一年任　傅誘　蕭與成有傳　李懷治號紹坡晉江人

林泰　張實以上九人嘉慶志俱作正德中任今從備稿列嘉靖

邵達道都昌人　趙大華號四樵莆田人舉人　葉壽春太倉人　葉廷模號立齋海陽人舉人　陳思學雲南

和人　王守業寍陽人　王仁謙泰和人　張會分宜人　周廷誥巢縣人　唐敏號華溪上

陳大賓二十三年任有傳

孫名佚

熊潢二十九年任有傳

陳治安貴州人

張書紳號雨山常熟人進士三十

人舉人

劉田長洲人舉人

張濤來安人

海人

孫榮職鄭州人

朱欵宜春人

三年任

羅尚德三十六年署任有傳

李邦義三十六年任有傳

雷鳴陽以府判署任號柏山舉人

林仰成四十年署任

隆慶	
熊汝器字成吾南昌人嘉靖乙丑進士元年任　謝良琦三年任有傳嘉慶志作嘉	李邦義四十年復任　楊文明南昌人四十一年任
馬如龍太倉人三年任　王錬枝江人	
劉自新太康人嘉慶志作嘉靖中任今從備稿	
林九思莆田人嘉慶志作正德中任誤	
劉瑱臨江人　何天德宣化人舉人　李綸長洲人	
金九皐有傳　張文炳江陵人　俞寅號清菴無錫人	

	萬曆
靖中任誤 林琛四年署任	林廷植福清人進士元年任 賀逢舜字潤南弋陽人七年任
	濮陽傳五年任有傳 周德恒涇陽人
	閔廷才 周邦相安福人 喻楝
	鄒仲篪東莞人 史曦金壇人 程世舉寍國
	朱信亮南昌人舉人 李志寵晉江人舉人五年署任
宋應奎雩都人 馮璐費縣人 龍子甲陝西人	朱灝清遠人 張宣台州人 張仲河東莞人

朱維藩字价卿號貞石淮安人萬曆丁丑進士十年任　蔡淑達合肥人十六年任　楊爲棟字伯隆綦江人萬曆己丑進士十九年任　黃名佚府判署任

徐紳上元人　周時武長洲　人　郭希昉　鄒正巳　張夢蛟壽州　人選　貢　勞崇法南海　人

張鳴鳳　陳懋科　程以達　謝承嗣　石應[扌侯]龍巖　州人　儲統祚三十　七年任

人　陳時善　湛汝魁贛縣　人　陳舜田銅陵　人　張志良丹徒　人　樊漢上海人

楊麟九年任有　傳　程克昌星子　人舉　人　張羽浦江　人　徐子喬德清　人貢　生　溫汝舟二十　年任　有傳

戴士完鄞縣　人　謝瑨建安　人舉　人　武順先來安　人　章文烝石埭　人　蔣良知東陽

胡思伸二十四年任有傳
徐待聘三十二年任有傳
王同謙湖廣人進士三十七年任
文三俊號二仰舒城人萬曆庚戌進士

陳一柱
陳夢葉惠安人
舒恂荊門州人
陶民瞻三十七年任

吳顯三十七年任
謝國徵華亭人

陳睿番禺人舉人
楊于朝雲南人學田碑作楊於朝三十一年任
張列辰辰州人
馬明瑞平湖人舉人

人
范光宙崇德人
陸宦崇德人
尤存古麗水人
周文思臨海人
李培嘉興人

	天啟
鄒復宣 江西人萬歷癸丑進士 錢應華 號堅白江西清江人進士 吳 名佚	范鑛 號我遽四川人 何淙 號不炎四川人天啟壬戌進士
	周冕 貢生 黃金章 湖廣人貢生
金仲卿 東陽人萬歷丁酉舉人 程湛 昌化人貢生	但調元 星子人舉人 梁一孚 溫州人舉人
蔣明臣 溧陽人 周立本 奉化人	馮時薦 汪金穎 字月壺歲貢 林士善 字尚

吳陶和字
玉
林鄞縣
人舉人
俞咨益嘉
興
人歲
貢
王有悌金
華
人歲
貢
張立中字
躍
如建德人
天啟辛酉
舉人壬戌
會試副榜

友台州
人歲貢
潘自鎔歲
貢
劉進宦遼
東
人歲
貢
章惟學歲
貢
黃閱麻城
人歲
貢

崇禎

吳士貞宜興人天啟乙丑進士

李拯有傳

周銓字簡臣金壇人崇禎丁丑進士

余颺十六年任有傳

孫棨號北海鹽

丁汝驤有傳　舊志作萬歷中任誤

城人崇禎癸未進士

國朝

順治

知縣

朱應鯤號子魚崑山人

劉方至有傳

施鳳翼字子翙上元人順治丙戌進士

邊算勝河南

縣丞

梁尊孟順天人

沈一道湖廣人

范文炳廣平人

巡檢

典史

竇生彩陝西人

孫晟直隸人

喬福壽富平人

教諭

吳一鳳會稽人生員

王元宰歲貢

宋可成於潛人歲貢

王允穎西安人歲貢

訓導

林國璋歲貢

陸鴻渚龍游人歲貢

人貢生

張元鎮號翰白單縣人順治丙戌進士

耿宗壎黃岡人貢生

劉珂字玉可陝西人舉人

高之蕙

樊王圖常山人歲貢

李煜湖南人拔貢

樓立尊江浦人歲貢

康熙

陳鶴徵號青田常熟人十四年任
蔡覺春商邱人貢生十七年任
鄭名佚
高之蕙號繼樸霸州人舉人復任
孫魯常熟人八年署任

吳緒揚鄖陽人貢生
王衡才神木人拔貢十年任
嚴卓福清人

楊名世

王朝相直隸人
張鳳麒富平人
李茂隆陝西

姜岳佐慈谿人原籍餘姚順治丁酉舉人
汪培錫錢塘人原籍休寧廩貢生

何應韶桐廬人歲貢
董允雯鄞縣人十三年任
施之傑字留

許宏道字聖功旗人舉人
鄭僑八年任有傳
趙廷英陝西人
潘兆元兗州人
江來泰旗人

常師善通州人
丁宏大興人
林卿授侯官人
王承榮旗人
尤正
劉惟燕

人
張載直隸人
劉子孟山東人
唐學曾山東人
梁統宗山西人
陳豫直隸人

沈璜石門人
張念仔慈谿人十九年任
徐德恂秀水人二十八年任
徐剛振字子大海鹽人康熙王子舉人三十八年任
虞景堯嘉興

侯天台人二十五年任
董弈相字梁禹烏程人歲貢
吾浩平湖人
沈寅曾湖州人歲貢五十二年任

萬中一　中江人　舉人
張珣巖　號清汾陽人
陶爾穟　號穎儒華亭人康熙辛未進士府志作青浦人
劉義　旗人
龍科寶　江西

葉文松　直隸人
繆金銘　元和人繆疑繆字之誤
鍾鳴盛　嘉應人
鄭均國　永清人
金廷石　海鹽人
虞光鳳　錢塘人康熙癸酉舉人五十四年任
沈敏　德清人康熙丙子舉人五十七年任

永新人
舉人

胡具瞻康熙四十七年署任

李沐山東武定州人康熙癸未進士五十六年任

劉元溥安邑人舉人

王國樑旗人

雍正

歲貢五十七年由山陰署任

虞景星字東皋金壇人康熙壬辰進士三年任

許鼎四年任

許藎臣侯官縣人舉人五年署任

徐志定

熊達聯

李大集

王啟緒遂昌人恩貢署任

六年任

毛家成五年

高潤七年任

池崇約黃巖人歲貢十一年任

乾隆

晉德慧字維喆當塗人雍正癸卯拔貢考取教習

張立行貴州銅仁人舉人九年任

陳鴻斌

鄒淇

彭紹堂

邱肇熊江西

施明性字敬存青陽人十七年任

孫惠

馮孝本

謝登元鎮遠人二十二年任

錢耀彰字東聚桐鄉人雍正乙卯

朱棠海鹽人貢生七年任

宜黃人乾隆丙辰進士二年任
陸儀
宗紹彝
張逢堯有傳
呂大雲漢軍
嘉慶志
呂作吳
任寵錫
劉維燕武進

曾宗揚龍南人二十六年任
楊源生定遠人拔貢二十八年任
顏光照長洲人三十年任
孫元淵
周丕長洲人四十五年任

黎學富
孫崑
程理
周璜
陳應薰
崔肯堂
王金輅
李賡濬
蔣邑鹽

方縮普安人二十六年任
江樫業卽墨人三十年任
汪大龍元和人三十四年任
王德棻太倉人五十一年任
倪文昭江油

舉人六年任
范邦和字愉堂仁和人乾隆甲子舉人二十七年任
吳基嘉興人廩貢四十五年任
胡德炘平湖人乾隆丙子舉人五十三年任

孟修彩松陽人歲貢十一年任
董宏亮鹽海人歲貢十九年任
蔣元錡嘉興人優貢二十四年任
董宏亮三十五年復任
施純熙錢塘

人監生十二年任　施繩武十二年署任有傳　陳宗功廣東嘉應州人舉人山陰縣丞署任　蔣潤署任　李輔德　趙選進士

李千霄永年人五十二年任　韓蜚聲鉛山人五十三年任　王燮武進人五十五年任

蔣大經　顧學元　饒懷珍字瑤圃宛平人議敘五十八年任　段懷宗大興人議敘　李元斗廣德州人

人五十三年任

洪楹五十六年署任　汪國鄞縣人乾隆丁西舉人五十六年任　呂丹桂號香圃嘉善人乾隆庚子舉人五十七年任

人乾隆壬午舉人四十年任　沈肇淇嘉興人廩貢五十二年任

杜首瀛字武子太谷人乾隆壬申進士

柴理河東人二十一年由諸暨縣丞署任

賴正中福建人舉人

黃福江西新城

人乾隆己未進士二十二年任

常青岳　交河人舉人二十六年以同知署任

莊綸渭　字對樵武進人乾隆壬戌進士二十六年署任

劉臻　二十八年

署任

吳至愉震澤人監生二十八年署任

冉士道四川人附貢二十九年任

多澤厚字載軒阜城人舉人由餘姚令署任

孫震三十二年
署任
盧兆麟滑縣八進士三十二年任邑
顏光照丞
署任
蕭超羣四川德陽八監生三十三年由山陰丞署任

李珠林任邱人進士三十四年任

陳瑞枝鑲紅旗人改入丹徒籍三十五年署任

王廷棟貴州大定人舉人三十五年任

孔繼睿曲阜

人舉人三十六年任

朱樹桂沛縣人監生三十八年任

王怡酆都人舉人三十九年任

范思敬崇安人拔貢

呂文煥新會人廩生

鄧雲龍號仙池堂邑人拔貢四十年任

宋猶龍長垣人貢生署任

方受疇桐城人監生四十七年署任

鄒宏贊廬陵

人監生四十八年任

朱太會監生

繆汝和字協袁號澹園江陰人乾隆癸卯舉人五十三年署任

伍士備廣東新興人舉人五十四年任

蔣重耀陽湖人副貢嘉慶志作監生

李廷輝合肥人舉人

李載文

詹錫齡江西安義人進士五十九年任

李岱字魯山福建光澤人舉人六十年署任

嘉慶

方維翰號蓮塘大興人監生二年署任　詹錫齡三年復任　陳鶴瑞號葵

何元湣大興人　孫瑀湖陽人　傅如岡字祝三如皐人

陳瀛　張鈺　鄧嗣英吳縣人六年任　唐汝湣

林欽堂　鄒淇左字百泉金匱人

諸以萊仁和人乾隆丁酉舉人元年任

張萬傑分水人歲貢五年任　王映青黃巖人拔貢十一年任　盛炳章慈谿人廩貢

齋監生三年署任

張樞六年署任

魏夔龍德州人舉人七年署任

陽重六八年署任

崔鳴玉八年十月任有傳

孫瑀九年八月

嚴正學蘭谿人乾隆甲寅舉人舉孝廉方正十二年任

邑丞

署任

張德標渭南人廩貢蔭生十年署任

崔鳴玉十一年復任

李岱十六年二月復任

楊魯生常州

八十八年七月以候補通判署任

劉大煊四川廣安州人嘉慶壬戌進士十九年閏二月任

向啓昌四川人二十一年七月署任

謝肇漣江西人二十三年四月由山陰縣丞署任

李宗傳二十三年四月任有傳

陳豐二十三年七月以候補縣丞署任

蕭蔚源湖北

人舉人二十四年七月署任

道光

鄒逢慶桐鄉人吏目元年七月署任

傅如岡本邑縣丞元年七月署任

吳錫疇福建人舉人元年九月署

趙景銘號鶴泉常熟人十三年任

張用錫號質方桐城人議敘十四年任

唐觀

張用錫復任

方理

郭郁棠

袁廷舉新蔡人

顧錫光

曹燮十六年任附胡堯戴傳

阮兆熊號柳堂慈谿人嘉慶戊辰舉人

徐廷鑾有傳

夏禹源有傳

莫鎣歸安人道光壬午舉人二十二

汪彭模號聽帆嘉慶辛酉舉人

丁釗號竹南嘉善人舉人十九年任

任
錢東垣 元年十一月任有傳
吳嵊 常熟人二年七月以南塘通判署任
傅如岡 三年十二月復署
周鏞 四年正月
馬國興
黃如琳 號英洲江蘇華亭人十九年九月任
年署任
謝漢 號廣甫嘉善人道光乙酉舉人二十三年四月任

任有傳

傅如岡 七年七月復署

秀山 正黃旗人 七年七月署任

鄭錦聲 福建人 舉人 八年八月署任

詹璧 號藕香 江

西安義人舉人九年五月任 蔣夔十一年七月以按經歷署任 楊溯泗十一年十二月署任有傳 傅如岡十二年十月復署 萬啓豐江西

人舉人十二年十一月署任

師長治字策安號理卿韓城人舉人十三年二月任

譚朝貫會稽東江場十四年七月署任

徐延勳本府

經歷十五年閏六月署任

蔣錫孫前天台縣十五年七月署任

毓秀號晴桐漢軍鑲黃旗八十五年十二月任

龍澤澔八十

年七月署任有傳

劉廣湄號介江奉天義州人拔貢二十年十月任

戴堅號竹坡元和人由溫州通判二十三年閏七月署任

劉廣湄二十四年四月復任

孫欽若二十五年七月署任有傳

伍紹紳新建人舉人二十六年七月代理

張銘之號又渠松滋人附監生桐鄉縣丞二十七年正月署任

陳備恪號雨山河南光山人舉人二十七年署任

林鈞號怡如奉賢人山陰縣丞二十八年七月代理

孫夢桃號仙植山東人舉人二十八年八月署任

張致高三十年八月任有傳

咸豐

趙景銘元年七月邑丞代理	張致高元年十月復任	余璟號子襄二年九月由會稽縣丞代理	
孫紹芬號月樵太倉州人二年署任	曹縉書號鈞如昭文人三年任		
馬國炳	黃如琳復任	張光益	
蔣宗梓號辛木壽昌人廩貢	姚光晉號平泉仁和人道光乙酉舉人	蔡種善字耘非錢塘人原籍蕭山	
沈誾崐號肖巖德清人廩貢八年四月任			

林鈞二年十一月復署任

張謙號澹人三年十一月由紹府經歷代理

張致高四年正月復任

劉書田五年十一月署任有傳

道光乙酉舉人十一年六月任

陶雲升號晴初天津人咸豐壬子進士七年七月署任

李壽榛號曙堂江夏人舉人八年八月署任

曹縉書邑丞九年二月代理

胡堯戴九年

三月任有傳

同治

秘雲書號宜青直隸人元年十月代理 翁以巽號子謙上元人二年二月代理 夏聲律號頌庭湖南善化人同治

方暹桐城人元年十月代理 嚴以幹黃岡人二年七月署任生員 胡家恂新建人五年三月署任 史樹綱溧陽

曹墉甘泉人祖籍新建二年五月代理 吳延齡常熟人二年六月署任 陸上達四年三月署任 黃如琳五年

姚宜慶桐城人元年十月代理 席寶琛寶豐人三年六月任 陳鳳喈江寍人五年二月署任 李家瑞侯官人六年三月署任

毛豐江山人附貢二年七月署任 楊學程號雪塘縉雲人廩貢三年正月署任 程翼雲號敬夫錢塘人咸豐乙卯舉人五年十月任

張日炳常山人廩貢十二年閏六月署任 童章號鏡涵鄞縣人十二年十一月任附貢

癸亥進士三年三月署任

王嘉銓號友山河間人優貢四年三月任

詹儀桂號月樓鍾祥人舉人九年七月以會稽縣兼理

余庭訓號勉

人六年四月署任

陳鑠號侶芝元和人六年十一月任

四月復任

俞廷珍婺源人七年四月署任

李濤吳縣人八年四月任

葉承裕號慶堂大興人八年十一月任

范春榮大興人十三年十一月代

齋績溪人九年八月署任

王晉玉號西漂溧江蘇附貢陽人十年八月任

李世基號肇卿安徽太湖人道光甲午優貢十一年五月署任

理

謝光照長洲人十三年十二月署任

光緒

薛贊襄號幼梅武進人十三年正月署任

賀瑗號仲蕃善化人廩生十三年七月署任

唐煦春號師竹江西德化人同治甲子補行咸豐乙卯

龔紫漢巴陵人附貢十五年八月代理

屠道溥吳縣人九年二月代理江宜興福建

鮑誠襄號季匡歙縣人元年七月任

謝公桓號次圭嘉善人同治丁卯補行甲子舉人六年

優貢二年閏五月任
徐榦號小勿部武人同治乙丑補行甲子優貢五年六月署任
唐煦春七年四月復任
王承煦號子暄舒城人光緒庚辰

熊燮元上元人附貢十五年十一月任
萬延輪豐城人十六年十二月代理
高年瑞號小坡番禺人附貢十六年十二月任

新城人九年四月署任
吳琦桐城人九年九月署任
王宗植太倉人十年十一月署任
劉有瑞鉛山人十一年十月任
李鼎二十二年

高藩三年十一月代理
汪鑄武進人四年二月署任
湯志霄吳縣人五年閏三月署任
許鍾麟善化人六年四月任
王翰金山人十

二月任
沈錫齡號霞軒武康人乙酉拔貢十四年十一月署任
王葆初號蓮叔黃巖人附貢十五年三月任
陸費煦桐鄉人廩貢生十八年三

進士十一年正月署任唐煦春十二年正月復任徐寶晉號睿生吳縣人同治癸酉舉人十八年正月署任儲家藻號仲

戴延慶號子餘丹徒人十七年五月署任陳詰十八年六月代理王志鴻號秋賓高密人生員十八年八月任

八月代理譚家熉二十二年十月署任貴州人李煒德化人二十四年七月任

一年八月代理高長松貴池人十一年九月署任鮑誠襄十二年七月復任

月署任朱葆儒號廉泉富陽人同治癸酉優貢舉人十八年九月任

璋宜興人十八年七月任

汪一麟號夢紱蕪湖人光緒乙酉拔貢舉人甲午翰林二十四年七月署任

乾隆

金山場鹽大使乾隆五年分設

胡宏智巴縣人舉人五年任

龔鏡字穎江江寧人雍正己酉舉人十三年任

李世盛字實菴涪州人舉人十年任

呂若誨孟津人舉人十八年任

	歸熙常熟人二十七年任	鞠御懿榮城人貢生二十八年任
	徐必達南靖人舉人三十四年任	四德漢軍鑲黃旗人舉人四十年任
	李聯登雲南河陽人舉人四十四年任	蔣濂長洲人五十五年任
嘉慶	徐必藎江西奉新人貢生十一年任	徐日照
道光	馬培章字星甫桐城人副貢十九年任	徐先揚號頌卿安徽建德人二十七年任
咸豐	王紹沂	
同治	李夢庚號少白江西人二年十二月任	陸沅號稚松江蘇人九年七月任
	李夢庚十年七月復任	章廷樞號堯卿江蘇人十二年九月任
	費巍成號融峯江蘇人十二年十一月任	余慶麟號鶴橋安徽人十三年八月任

光緒

許嘉言號菊初江蘇華亭人四年九月任

胡明慶號元卿四川人六年二月任

許嘉言六年十一月復任

張世蕭號幼鹿吳縣人二十年六月代理

林藎臣號仲庸善化人二十一年八月署任

羅銘勳號麟閣湖北人五年八月任

錢廷珪號士松江蘇嘉定人六年十月任

張修甲號東府江蘇華亭人七年十一月任

吳崇佑號子賢涇縣人二十年六月署任

邊葆樞號竹潭任邱人舉人二十三年二月任

附考

凡職官姓名另有專傳者不附諸考諸志無嘉慶志載者間登一二至事實無多及舊志略加贊語者均附列傳後考內亦不載入選舉倣此

秦

蕭誾　越中金石記上虞志載秦時令長有蕭誾誾當爲闓字傳寫之譌。案吳濮陽興蕭二將軍祠堂記將軍秦人姓蕭諱闓闓乃秦之將軍但云領兵至虞不言爲虞令刋補云或闓之昆弟亦臆測之詞存以俟考

吳

史胄　吳陸凱上虞令史胄讚曰猗猗上虞金鎣玉貞鳳立鸞峙邈矣不傾案此讚見徐堅初學記十七引吳先賢傳據以補入

宋

虞愿　乾隆府志載虞愿係虞季弟爲上虞令萬歷志亦載入今仍之

沈正　沈約宋書自序淵之子正字元直淹博有器度美風姿善容止好老莊之學弱冠州辟從事宗人光祿大夫演之稱之曰此宗中千里駒也出爲始寗令舊志無今補

江逌之　刊補引宋書南郡王義宣傳蔡超初爲兗州主簿時與前始寍令同郡江逌之並爲興安侯義賓所薦舊無今增

齊

陸昉　陳書韓子高傳光大元年前上虞令陸昉告其謀反○案子高事在陳臨海王元年以時計之昉爲令當不在宋舊志誤今從刊補改列於齊

梁

劉孝綽　梁書字孝綽彭城人本名冉幼聰明七歲能屬文號曰神童爲太子洗馬出爲上虞令舊志無今從刊補增

唐

張□□見金石吳興沈府君墓誌銘舊志無今增

王□□五夫陁羅尼經幢會昌三年九月二十七日建邑宰王又五大夫新橋記云邑大夫王公術過亨鸞軫嵇琴於棠樹其即是公與舊志無今增

常□□五大夫新橋記大中四年再建令常又遺德廟陁羅尼經幢記大中云云令常舊志無今增

馬□□寶蓋寺陁羅尼經殘幢年月闕記縣令馬舊志無今增

王昌裔唐書宰相世系表王氏宏讓下七世名昌裔上虞令瑯琊臨沂人舊志無今從刊補增

方□□舊志無今從五夫陁羅尼經幢增

蔣□□舊志無今從遺德廟陁羅尼經幢記增

胡□□唐方干有贈上虞胡少府百篇七律一首舊志無今從家山鄉眷錄增

羅□□舊志無今從五大夫新橋記增

孫□□舊志無今從寶蓋寺陁羅尼經幢增

呂生宣室志大歷中有呂生自會稽上虞尉調集京師舊志無今從錢玫補稿增

嚴　郭　周三人舊志無今從五夫陁羅尼經幢增

李　鄭二人舊志無今從五大夫新橋記增

第伍　沈　馬三人舊志無今從寶蓋寺陁羅尼殘幢增

五代

裴昌符見武備志兵事舊志無今從家山鄉眷錄增

宋

盧釋 宋趙抃通澤廣利侯廟記乾德中縣令盧釋以旱禱於廟雨卽時降是盧釋當爲宋令舊志誤列五代今從備稿改入宋初

劉損 案劉氏義門碑額及敕賜旌表門閭元豐四年三月縣令劉損立石舊無任虞年分今補

熊珽 餘姚孝義鄉熊氏家譜珽字伯玉自南昌膺薦至京攷授上虞令有惠政任滿遂家焉舊志無今增

王恕 紹興初建命教堂據錢攷家山鄉耆錄增入

張彥聲 紹興初任建懷謝軒見古蹟據刊補增

陳炳 浙江通志選舉載乾道二年進士崇德人正統志載炳字退菴長樂人紹興中來知邑事判然兩人案炳傳浚西溪湖事時豪右爲李顯忠正在紹興間因列之紹興中任

倪思 倪氏族譜字正甫青州人乾道二年舉進士授上饒簿轉上虞令終翰林學士舊志無今據刊補增

劉筃戴閭之　嘉慶志先戴後劉案學校淳熙丁未劉筃闢東偏地爲射圃戊申戴閭之改命教堂爲仰高劉不宜在戴後今正

葉元派　正統志葉顒傳紹興甲戌來知縣事子元派亦令玆邑案紹興甲戌至景定相距百有餘年不應父子年甲懸絕若是舊列陳漢前今據豐誼儒學碑記改列在劉筃之後

樓杓　萬歷學校志嘉定十七年重建仰高堂嘉慶志職官表下因注嘉定末任惟正統志載嘉定四年甲申樓令建思賢橋四年係辛未云甲申仍是十七年也

趙崇棨　萬歷康熙嘉慶諸志均誤作𤎫𤎫字書無𤎫字今據正統志改

趙時徵　備稿云古蹟適越亭宋寶祐中令趙時徵建舊作時瀓當即徵字之誤

陳漢　正統志炳之曾孫有功於學配享先賢祠萬歷志作炳之子疑誤

趙若璘萬歷志康熙志誤作邵若埠府志嘉慶志又誤作邵若墀今據正統志改

王琰咸湻乙丑攝篆見建置志衙署舊志無今從家山鄉眷錄增

陳迪咸湻間任見黃氏日抄舊志無今從備稿增

趙安仁宋詩選戴復古有送趙安仁之官上虞詩舊志無今從家山鄉眷錄增

張時憲舊志無今從通志增

唐聞山陰人罷臨海令因母年高求爲上虞丞以便侍養舊志無今據府志補

江公亮婁寅亮唐肅朱媛詩序政和三年邑令席彥稷簿孫衍尉向泳重修記之者新定江公亮也又案宋史建炎四年高宗至越寅亮上書是婁寅亮來虞後江公亮十七年嘉慶志反列寅亮於公亮前并以江爲汪均誤今正

王濤據豐誼上虞修學碑記承直郎縣丞王濤補入

陳祿陳氏譜陳祿居諸暨之楓橋爲上虞縣丞舊志無今從刋補增

何琢元祐五年任從水利本末增

孫衍字廣伯政和三年任見江公亮朱娥祠記主簿孫衍嘉慶志作孫廣且以簿爲尉并以衍字廣伯分孫廣方中伯爲兩人俱誤今改正

沈遷　錢觀光二人舊志無今從浙江通志增

張軫廸功郎主簿張軫見宋厲居正夏蓋湖新建二閘記舊志無今從刋補增

蘇□□見古蹟凝虛館舊志無今增

孟致中修職郎主簿據宋豐誼上虞縣修學記增

趙孟直　鄞縣志趙由宜傳父孟直上虞主簿宋亡由宜依居外家鄭氏是孟直爲主簿當在宋末舊無今增

孫漸　萬歷諸志孫誤作張據水利本末更正

游充　元祐四年任據水利本末增

薛寇　嘉慶志寇作冠據厲居正夏蓋湖新建二閘記正統志更正

錢績　據水利志清水閘孫應時記嘉定之元吳越錢君績爲尉又孟宅閘云嘉泰元年閘圯縣尉錢績修事涉兩歧今從記

薛師魯　嘉慶志仍萬歷志作思魯今據正統志正

周伯起　宋連文鳳有寄上虞周伯起縣尉七律一首舊志無今從錢玫補稿增

李晉明　學長　黃士表　學長　李孟陽　學諭　劉温舒　直學　劉昌朝　教諭　○以上

五人均見宋豐誼淳熙十四年上虞修學記舊志無今從刋補增

張集父 宋連文鳳有送集父分教上虞詩舊志無今從備稿增年次無查故附李晉明五人後

田汝源 田氏譜字世本宋景炎元年由明經貢舉授上虞教諭舊志無今據譜增

元

烏馬兒火你赤瞻思丁偰列圖 俱據刋補增入

阿魯不思兀合赤阿里牙答思速來蠻沙忻都金剛奴伯帖木兒帖木赤忙古歹忽禿魯沙買閭 以上俱見正統志舊無今增

張朶兒列歹 嘉慶志作達魯花赤今據正統志作尹列智紹先後

陶煜 黃巖志鄭元祐白雲漫士墓誌煜字明元號白雲漫士仕上虞縣尹萬歷志附典史後今從嘉慶志列尹

張庸全浙詩話庸字維中慈谿人元末署上虞長明初聘不仕有全歸錄舊志無今增

蘇松蘇公祠記畧增入據祠祀知縣張致高

沈煜谷應泰明朝紀事本末癸丑十一月湯和兵自紹興渡曹娥江進次餘姚降其知州李樞上虞縣令沈煜舊志無今據刊補增

朱孛羅歹粘割貞朮八剌沙李家奴才寶沙的阿散海魯丁俱據正統志增

也先忽都魯見戴俞修儒學記舊志無今據備稿增

馬合麻烈古沙馬合麻見水利重建梁湖壩記烈古沙見水利修孟閘記舊志無今俱據備稿增入

阿里木八剌沙俱據正統志增

張興　正統志司尉記至元丁亥眞定深州張家興實來其政明且嚴令公且淸也案丁亥係至元二十四年刋補作二十七年今正

詹鼎　嘉慶志有傳不列表案鼎爲明刑部郎其先實爲上虞縣尉今刪其傳列之表末

王君裕湯國璿駱天澤張慶富連璧　俱據正統志增

戴俞　嘉慶志俞作喻據重修儒學記及通志選舉表更正

郭溥　鄞縣志郭可學傳父溥治尚書善詩文才行聞一時由郡學訓導分教靑田復署上虞教諭案可學洪武五年鄉舉是溥爲教諭當在元末舊無今增

案萬曆諸志所載職官自漢迄元均不載年號今可查者分標於上其無者俱闕疑

明

張昱　謝肅海塘碑記洪武四年秋七月上虞海堤潰太守唐公鐸委府史羅子眞子眞既至趙令允文以秩滿去子眞度地穿渠一萬三千丈爲防如渠之數方堤築且四之三子眞以事赴府府檄縣主簿史文郁繼董其役知縣張昱縣丞達貫道咸協相之是趙允文以辛亥去任張昱繼之則允文後令虞者即爲張昱嘉慶志遠隔范麟等五人其誤可知今據刊補正

胡文煥　餘姚縣志載洪武七年徵辟爲上虞知縣舊無今增

馬騆　嘉慶志據萬歷學校志列洪武案正統志騆傳己卯來知縣事己卯係建文年分明制不載建文移入洪武今正

胡敏　建文時任康熙嘉慶兩志仍前明舊例不載建文故入永樂今改正

楊澄　永樂中貢生官上虞縣知縣見漢陽縣志舊無今增

曾昂進士正統中任景泰元年改任常熟見蘇州府志舊無今增

吉惠萬歷志惠字澤民陞本府知府案明姚翔鳳小查湖記云成化初吉侯惠大修意惠天順時來知邑事成化初猶任故從舊志仍列天順

費□□宏治間葛銘有送費邑侯朝京詩舊無今補

田玉據正統志縣丞題名薛恭後有田玉據天順七年銅漏銘列縣丞田玉時隔四十七年是否復任抑係兩人康熙志刪其一今仍嘉慶志兩載俟考

伍希儒劉近光案萬歷志潘府科甲題名記云正德乙亥劉侯汝敬以名進士作我民牧又案刊補伍希儒於正德丙子任是伍任虞在劉後今據董玘譙樓碑記伍君汝眞嘗構未畢召爲御史以去今令劉君汝敬繼之因仍嘉慶志列劉近光於伍希儒後

陳獻文舊志列正德末案謝丕金罍山元妙觀碑劉近光已在嘉靖元年則獻文任在劉後不得列正德末今從備稿改列嘉靖

左傑萬歷學校志嘉靖八年令左傑移置鄉賢祠於廟之西刋補云江南嘉靖庚寅任後改任餘姚左傑嘉靖辛卯自餘姚改任俱見府志是左傑再任虞矣故兩列其名

孫口口謝讜送陳見吾序見吾陳公以名進士令吾虞既三年將行時黃溪孫公攝虞事案見吾係陳大賓字據此大賓後當增姓孫一令

李邦義萬歷志李邦義傳嘉靖三十六年丁巳來令又水利志嘉靖三十九年庚申張公可述檄下判府林仰成又趙置志記嘉靖四十年令李邦義重建土地祠再案朱袞鄭公祠記喻齋李公卜坊左滸層隙地營立焉記成會方池楊侯繼令是楊文明之先仍是李邦義故兩列其名

林仰成　據建置志嘉靖辛酉紹興府通判署知縣林仰成重修崔公祠又水利志嘉靖四十一年署縣林判丈田缺額舊無今補入

雷鳴陽　列女徐彥明妻孫氏傳有通判攝縣事雷鳴陽查鳴陽於嘉靖三十四年判紹興舊志無今增

林琛　府判攝虞事見陳洙重修聖殿碑記舊志無今據備稿增

謝良琦　案名宦傳良琦隆慶戊辰進士己巳來令熊汝器嘉靖乙丑進士令虞在丙寅丁卯間謝讜頌汝器仁政云夏有瑞蓮考放生池產蘂蓮在隆慶丁卯嘉慶志列嘉靖誤今從刊補改列汝器後

黃□□　以府判來署縣篆見水利夏蓋湖舊志無新增

吳□□　釋楫寶泉寺碑記云一夜功成炊早邑侯吳公臨勘據增

范鑛　康熙志云號我蘧調繁山陰案乾隆府志山陰縣范鑛崇禎二年任則任上虞當在天啓時

李拯　據羅星亭碑記仁菴李父母下車請赤城陳公董其事在甲戌仲春周銓係丁丑進士宜列李於周先

周銓　康熙志字簡臣丁丑進士案丁丑崇禎十年倪文貞與銓書云米價不減而士廩俱盡憂如之何比以歸掃松楸小留祖舍云云文貞之書當在八年遷祭酒後落職閒住之時虞邑大饑在崇禎十四年則銓之令虞當在戊寅以後也○倪元璐周簡臣未焚草序簡臣受命治吾始盭號曰周父其先所論著幾十萬言　刊補云嘉慶志林廷植至孫棨十八令俱載在萬歷年豈天啓崇禎無令乎范鑛何淙當列天啓吳士貞至孫棨當列崇禎

蔣士欣　萬歷志成化時載丞蔣士欣正德時又載主簿蔣士欣府志仍之而於成化時作士欣正德時作士忻則正德時之士欣爲主簿無疑惟明謝丕金罍山元妙觀碑記在正德時稱縣丞蔣士欣主簿陳紹皐是兩士欣俱爲縣丞今從嘉慶志仍列主簿俟考

蕭與成 號茜川見謝讜送蕭茜川序舊志無今據刊補增

馬如龍 刊補云隆慶已巳任見陳洙重修聖殿碑記嘉慶志入嘉靖中誤

濮陽傳 刊補云名宦傳萬歷初由貢爲虞丞水利志萬歷五年濮陽傳有江海塘議嘉慶志列隆慶中誤

陶民瞻 萬歷三十七年任見王同謙皂李湖碑記舊志無今從刊補增

白惟奴 府志奴作驽康熙志作如均誤今據正統志正

侯溥 萬歷諸志無今從正統志增

李彬 見水利志舊無今增

姜文華 舊志列宣德今據水利周忱有記改列正統

周澄 李東陽懷麓堂文集澄由湖廣布政使司知印授廣州倉大使遷上虞主簿浙東海溢上虞尤甚工部侍

郎李𩣡築堤澄承檄受任與有勞効九載將去父老合詞請留不許○案李𩣡築塘在天順七年澄之官虞當在景泰天順間嘉慶志列宣德誤今從刊補改列景泰

黃隆　見銅漏銘據錢玫補稿增入

儲統祚　萬歷三十七年任見王同謙阜李湖記舊志無今據刊補增

陳仕　洪武三十三年即建文二年任見水利舊無今增

譚清　備稿作永樂中任嘉慶志誤以譚瀛爲譚清列天順今正

譚瀛　見天順七年銅漏銘舊志無今增

林九思　刊誤云嘉慶志列林九思於正德誤今據陳洙重修學宮碑記改列隆慶

吳顯　萬歷三十七年任見王同謙阜李湖記舊志無今據刊補增

盛景據學校志正統間教諭盛景修葺兩齋舊志列景泰今正

王思明刋補據金罍山元妙觀碑刻教諭王思明舊志列訓導誤今正

何天德李瀹二人嘉慶志俱列萬歷今據陳洙重修學宮碑記改列隆慶

金仲卿程湛舊志俱無今仲卿從通志增湛從昌化志載湛萬歷四十一年貢生選上虞教諭增

但調元梁一孚吳陶和俞沓益王有悌馮時薦汪金頴林士善潘自鎔劉進官章惟學黃闊嘉慶志俱附萬歷末今據備稿改列天啓

丁汝驤嘉慶志表列萬歷今據嘉慶學校志列崇禎

夏曄刋補云康熙志夏中孚當卽夏曄字孚中號居貞本邑訓導見皇明古虞詩集其時當在洪永間

周立本舊志無今從兩浙輶軒錄周志盈傳增

國朝

劉方至　備稿云嘉慶志既據一統志立傳而表內不載今從傳增

陳鶴徵　刊補云鶴徵王侍御世功事畧序壬辰應詔入都又五載分符爲上虞令案壬辰後五年爲順治十四年嘉慶志列康熙中誤今正

蔡覺春　據水利本末順治十七年任嘉慶志列康熙誤今正

鄭□□　據建置鋪驛志載康熙三年三月十六日案徼紹興府上虞縣知縣鄭增入

高之蕙　刊補云康熙志順治十三四年洪流下注豬湖土壩俱湮邑令高之蕙築基廣三丈六尺增繕五載工方告竣康熙己酉復增築鮑壆溜水石壩八堡均樂有秋咸呼爲高邁壩是高在康熙已再任故兩列其名

孫魯　據康熙學校志八年署知縣孫魯募捐營修舊無今增

胡具瞻　具瞻撰金定菴傳云康熙丁亥余承特簡通判金華戊子冬又奉撫軍命署事上虞舊無今增入

虞景星　許蓋臣　刊補案俞郡守卿築塘經始於康熙五十九年二月告成於六十年五月其時催辦物料者縣令王國樑至雍正三年虞令景星請帑築石則虞令許令二人應入雍正年嘉慶志入康熙誤今正

許鼎　嘉慶志作許一鼎今從府志及獨壩廟碑記删一字

鄒洪　據水利志雍正十三年委邑令洪會勘勒石舊志列乾隆今正

黃福　據水利志沙湖塘乾隆二十年令黃福申詳各憲舊志作二十二年任誤今正

呂大雲　嘉慶志呂作吳今據刊補正

呂文煥　刊補云乾隆中任見廣東南海縣忠義鄉志舊無今增

陳鶴瑞　據水利志巡撫阮元奏稿作三年任嘉慶志作五年誤

李岱據舊志序岱已於乾隆六十年署虞至嘉慶十六年又任虞

孫元淵舊志無今據雍正　御碑增

楊名世李元斗名世據夏蓋廟碑記補入元斗由掾選任梁湖巡檢見廣德州志舊無今增

鍾鳴盛洪楹據府志補入

何應韶董允雯施之傑董弈相國朝順治七年裁訓導四人仍列順治年誤今據備稿列康熙

董弈相兩浙輶軒錄字粱禹烏程歲貢官上虞訓導著生洲繡川等集府志嘉慶志訛董爲黄據刊補正

施之傑備稿云字留侯天台人初任東陽丁艱補任上虞見天台縣志又范石書有祝虞施二老師七十雙壽詩作在康熙三十一年癸酉虞名景堯則施同爲康熙中任矣

龔鏡嘉慶志鏡作錦誤今正

上虞縣志校續卷三　　職官表

上虞縣志校續卷四

選舉表

案舊志選舉分門編列嘉慶志始列表然於格內列干支於名下詳事實均失表體茲仿史家年經月緯之例紀年先後依次不混凡應删增更正者均於表後附考而以封典仕籍次焉

歷代	徵辟	進士	舉人	貢生	武進士	武舉
漢	徵辟					
元和	王充有傳					
陽嘉	戴就有傳					
元初	綦毋俊有傳					

漢安	孟嘗有傳
建寍	朱儁有傳
年甲佚	魏朗有傳
晉	徵辟
泰始	嵇紹有傳
咸安	謝安有傳
	謝石有傳
	謝萬附謝石傳
	謝元有傳

南北朝	徵辟
永初	王玄之有傳
元嘉	謝靈運有傳
	謝惠連附謝方明傳
	王恢之附王裕之傳
孝建	王思遠有傳
年甲佚	杜棲有傳

唐	徵辟
長慶三年	張文吉 膺明經聘奉國軍節度使
會昌四年	張次宴 膺明經聘兵部員外郎
文德元年	張堦 膺聘文華閣直學士
乾寧元年	張堉 膺聘兵部尚書

光化元年	張垣膺賢才聘鄭州刺史
後梁	徵辟
龍德元年	張仁皎膺明經聘監察御史
後晉	徵辟
開運二年	張仁腹膺明經聘黃州刺史
後漢	徵辟

宋	乾祐元年	開寶八年	景德朝	大中祥符	崇寧二年
徵辟	張仁逮膺聘兵部帥幹	張伯攸膺明經聘翰林學士			
進士			劉少璟	劉少璁更名瑜校書郎	陳濤
舉人					
貢生					
武進士					
武舉					

癸未	五年丙戌	大觀三年己丑
陳灌 濤弟 登霍端友榜	李光 有傳 陳起莘 登蔡嶷榜	竺簡 有傳 黃通 王俊 府志作宣 和元 年

政和五年乙未

登賈安宅榜

王眞卿

張述中　吳江知縣登何桌榜

重和元年戊戌

黃詔中　通子

張延壽　以上二人正統志作政和八年從省志正

宣和元年己亥

王俊膺詞學兼茂科冀州教授

登王昂榜

三年辛丑

桂章

王休俊弟府志作俊兄

孫彥材

王賓省志不載

登何㴸榜

郭光

六年甲辰	建炎二年戊申	紹興五年乙卯	八年戊午
趙子潚省府志入嵊縣籍有傳登沈晦榜	李貫正統志作三年誤登李易榜	李孟博光子附光傳登汪應宸榜	稽琬衡州通判

		原書作衢州誤登黃公度榜
十五年乙丑		吳公輔 宋延祖有傳 登劉章榜
二十一年辛未		李澤正統志作三十一年 登趙逵榜
二十四年甲戌		貝欽世有傳 趙伯溥子潚

年		科第
		子朝議大夫登張孝祥榜
三十年庚辰		李以成 登梁克家榜
年甲佚	袁評有傳	劉開 戶部侍郎
隆興元年癸未		丁松年 趙伯泌 濡子 子登木待問榜

乾道二年丙戌	淳熙五年戊戌
邢世材 登蕭國梁榜	尚朴 陳杞 貝襲慶欽世子附欽世傳 趙汝鐯普傳子温州將領 登姚穎榜

十二年甲辰	十四年丁未	紹熙元年庚戌
		陳策有傳
潘友端時子附時傳 李唐卿省志不載 登衞涇榜	杜思恭有傳 周之瑞荆門教授 登王容榜	豐友俊誼子 附豐治傳 登余復榜

四年癸丑	慶元元年乙卯
趙師古子濂孫登陳亮榜	陳無損嘉慶志作無捐誤 趙汝洙善傅子國史編修 趙汝曇善傅子諫議大夫 陳居大

年		進士			
		登鄒應龍榜			
五年己未		李知新 光孫 登曾從龍榜			
嘉泰二年壬戌		江濬 陳堯卿 正統 志作堯俊 登傅行簡榜			
開禧元年乙丑		陳謙 登毛自知榜			

嘉定元年戊辰	四年辛未
劉昌宗通直大夫 劉子强修職郎省志不載 登鄭自誠榜	李知孝光孫寶謨閣直學士 李復光曾孫 登趙建夫榜

年		
七年甲戌		徐杭 登袁甫榜
十年丁丑		劉漢弼有傳 沈昌齡省志作會稽人 登吳潛榜
十三年庚辰		陳彥漸 登劉渭榜
十六年癸未		莊黼 趙時彌贇政

寶慶二年丙戌

大夫

莊敬之

嚴濟寬

登蔣重珍榜

趙希抃師古

子奉議大夫

趙希彭宣德

郎

趙汎夫彥鐣

子文
林郎
趙沿夫
弟集英
殿學士
趙彥鈕
大
夫
趙彥鐐
弟兩浙
轉運使
趙汝普
長子保
郎舊志

汎夫奉議彥鈕善傳義作

	紹定二年己丑	五年壬辰
昔誤登王會龍榜	杜夢龍通判 張師夔 趙希彰伯泌孫御史各志作希彰今據刊補正 登黃樸榜	梁大受

端平二年乙未

葛季昴有傳

李衢光曾孫附光傳
高不恩省志作高不恩誤
莊驥題名碑作莊騏
登徐元杰榜
孫墡祖
趙汝諤善傳

嘉熙二年戊辰

淳祐四年甲辰

次子登吳叔皓榜

孫逢辰

趙崇櫝汝鍇子廣東按察提刑登周坦榜

陳熹之國子學正

杜振

	十年庚戌	寶祐元年癸丑
登留夢炎榜	夏夢龍 登方逢辰榜	趙崇璉修武郎 趙良坦良坡弟附必蒸傳 趙與緡原名必緡省府志作餘姚

四年丙辰

人 登姚勉榜

杜應之

劉漢傳 有傳

趙必成 承武郎

趙良埈 必蒸子，附必蒸傳

葛巘

葛季昴 巘子

六年戊午

景定三年壬戌

舊志作季昂誤以上二人省志俱不載登文天祥榜

趙崇璠汝普子特奏名福建將領

徐斗祥嘉興

劉漢傑知府

咸淳元年乙丑

周遇龍 省志不載登方山京榜

趙崇璲 承事郎

趙與爾 吉州防禦使

趙必蒸 有傳

趙艮坡 必蒸

咸淳十年甲戌
徐夢麟 見繼文傳
子附必蒸傳
趙友直 艮坡
子附必蒸傳
登阮登炳榜

德祐年甲戌
竺端均 兄
竺均 有傳

宋年甲戌
李知退 光孫

楊文海 驃騎

元	
徵辟	至元十七年張存義有傳
進士	附光傳　劉問　劉閎宣議大夫　劉聞　劉閏　劉閌　劉昌世參議
舉人	
貢生	
武進士	將軍　沈淸夫金吾將軍　李以秉　杜夢與　趙崇溢汝曾子
武舉	

大德元年	張德玉存義子，附存義傳。張氏譜作皇慶壬子	
延祐二年		張起巖濟南籍，有傳
至正年甲佚	徐宗堯膺宏才聘，江西路提舉 徐椿膺明經聘	
年甲佚	王深舉奇才茂	宋居敬

學
徐昭文附徐有傳
王式附徐繼文傳

明

洪武二年己酉

徵辟
盧季廉無錫教諭
顧諒給事
任守禮

進士

舉人

貢生

武進士

武舉

三年庚戌

中皇明古虞詩集作

任琦

朱德輔知縣

車秉艮舉賢方正襄陵縣丞

鍾霆

王誠

葉砥

杜思進戶部

四年辛亥	
張公器膺聘建德知縣	
王誠監察御史正統志作王尹誠葉砥傳有	
	侍郎柳宗岳介休知縣何文信福建籍解元杜肅

	五年壬子	六年癸丑
		俞誠 有傳 萬歷
柳宗岳 鍾霆 江陵縣丞 何文信 有傳 杜肅 侍郎 登吳伯宗榜		
	俞尚禮 有傳 李繼先 州判 駱文凱	

	八年乙卯	九年丙辰	十一年戊午
志列三十二年誤			薛文舉附廷玉傳 車儀吏部主事府志作車義初
	鍾霖霆弟萬曆志作十六年		
		徐啓蓋州衛千總	
	徐啓		

	十二年己未	十四年辛酉	十五年壬戌
朱瑾莊浪知縣	趙暄國子監學正 劉履有傳	陸幹舉經明行修賢良方正兼茂科福建僉事	王友俊膺賢良科江西按察使司
	張恒敬歲貢		

	十六年癸亥	十七年甲子	十八年乙丑
僉事屠士宏奉新知縣	項齊賢御史	倪守仁應八材聘	貝迴
			嚴震有傳 張孝本
		張孝本 嚴震 許昇	
		陳仲琳	朱秩

上虞縣元榜録　卷四

十九年丙寅

沈中　膺八材聘僉事正統志作沈中行

謝肅　有傳

丁宜民　樂平知縣

登丁顯榜是榜名多缺佚故碑録二八俱不載

武用文

年						
二十年丁卯	劉性善 附劉履傳		陳時舉 周敬宗 主事	呂智 知府		
二十一年戊辰	陳茂才 吉安知府正統志作姓張	陳時舉 有傳登任亨泰榜		俞息 知府		
二十二年己巳	陳逢源 知縣 吳克剛 有傳					
二十三年庚午			顧思禮 知縣 陳文原 廣德州學正			

年	科
二十四年辛未	劉鵬附劉履傳 陳山有傳 許昇徵賢良太常少卿萬歷志作許昇士 尹克順八膺材聘刑部主事萬歷志作洪武十三年
二十五年壬申	魏鎮知大同府
	李允中正統志作中尹

年					
二十六年癸酉	貝望開封知府	鍾荆霆子武陵教諭	周慎正統志作順知縣		
二十七年甲戌	張九容舉賢才山東參政 俞齊一作齊孟山西岢嵐州知州		陳斯立 盧伯輝教諭		
二十八年乙亥	吳賢長沙知府 丁和舉賢才閩縣縣丞府志作永樂		徐紳主事		

	二十九年丙子	三十年丁丑	三十一年戊寅	年甲 佚
時		張鵬舉賢良方正 東昌府同知	張宗岳知縣	徐松膺明經聘 按察使僉事 王起東禮部侍郎
				車儀特奏名 伍建有傳
	朱一誠			
	杜泗教諭			伍建 陳肅三兗州知府 戴允言
				姚寄 姚鍾英湖廣常德衞百戶

張思敬傳有

劉諫附劉履傳

嘉慶志列永樂今據

行狀

正

張思齊以孝

廉薦陝西參政

倪春舉賢良

張岳有傳

葛貞有傳

陳莊永嘉教諭

葛肇附葛貞傳

葛興附葛貞傳

葛隆附葛貞傳

俞恭舉賢才府志作余恭誤

徐禮膺儒術聘修職郎

徐裕膺孝廉聘將仕佐郎

鍾遜夫 禮科給事中

豐[濬]甫 御史

朱右 以明經起長史 有傳

朱昈 右弟 以明經起 由教諭遷縣丞

朱孝達 右長子 以孝廉起教諭

	建文元年已卯	二年庚辰
朱孝思以明經起國子監學錄	葉砥有傳	張九功舉經明行修宜春知縣舊
	陳彪 王友梅 徐皓字叔皓府志作皓叔誤橫州學正	
		趙聰教授

年	第二欄	第三欄	第四欄	第五欄	第六欄	第七欄
	列洪武今改正					
三年辛巳				趙彖		
四年壬午				葛啟　陸秩御史　管璉推官		
永樂元年	嚴恩允府志		楊敬中主事	范得倫主事		
癸未	作恩見誤　禮部主事		貝秉彝　傅璇　貝瓆省志不載	萬歷志作德倫		

	二年甲申	三年乙酉
	盧用誠府志作用宏曆人材聘成都府同知	魏原海刑部主事
	貝秉彝有傳 傅璇戶科給事中 登曾棨榜	
據府志入		黃德政通志府志作費德政誤敎諭 薛常生文舉子
	張貴珉州同正統志作同安知縣升無爲知州	鄭季輝御史

			鍾悌 紀善	
四年丙戌		薛常生 附薛廷玉傳登林環榜		王仕升 誠子安吉知縣據正統志萬歷志作誠孫誤
五年丁亥	徐徵 福建僉事			車佑 石城知縣
六年戊子	姚平 主事 姚軫 以上二人見葛貞傳注 范彰 附葛貞傳		盧伏 趙肅雍 教諭 謝澤 趙貢 省志作趙	貝昇

	七年己丑	八年庚寅	九年辛卯
葛啓有傳	朱孝錫紀善		
貞烏程縣人考烏程志無趙眞當是上虞人			張驥壬辰會試乙榜唐府左長史 俞宗潤新安府教授正統志作宗
	厲秉彝御史	朱慶知縣	顧琳嘉慶志作林令從萬歷志

十年壬辰

十一年癸巳

劉惟傑通政司知事

十二年甲午

慎誤

葛昂

陳羆省志作熊羆誤

范宗淵

張居傑北京

許泗奉祀

張觀知事正統志作江夏知縣

葛順理萬歷志作葉順理

十三年乙未	
盧用端 舉經明行修教諭	
陳羆 御史登陳循榜	
	行部中式嘉慶志列正統甲子誤有傳 顧琳 應天中式和州知州詩集作永樂丁酉中式誤今正 葉綏 江西榜砥孫附砥傳
王澤 主事	

十四年丙申	十五年丁酉
	周叔儀 歷城知縣
	謝琬 刑部郎中　杜侃 訓導　朱莊　葛翊 監察御史　萬歷志作詡　袁鼐 寍國府教授袁氏譜作𣈶　張居彥 附居
蔣秉	朱復 知事

傑
傳

俞宗愼 應天中式長樂教諭嘉慶志作宗順誤

盧伯深 應天中式教諭省志盧作虞

袁能 原名潛應天中式科甲碑不載

十六年戊戌	十八年庚子
	沈孟齡 應材聘知縣
謝澤 有傳 葛昂 附葛啓傳 范宗淵 有傳 登李騏榜	
	陸儔 知府 萬歷志傳作壽 鍾興 訓導 韓俊 永平知縣 府志作嵊縣人今從
車勿 政和縣丞 見車純傳	

	十九年辛丑	二十年壬寅	二十一年癸卯
		丁侃舉人材廣宗知縣	吳昌淶水知縣正統志作吳文昌
魏佩通志應天中式以上二人科甲碑不載			李宗侃教諭 魏克潤教授
	徐惠知事		

萬歷志作
魏伯潤九功
張嵓孫有
傳
壽安

年甲佚

陳道安薦人材不就
陳敏薦人材母老乞歸
徐道舉孝廉

林釗拔貢希元孫有傳
張謨縣丞
王璋江山訓導

年	第一欄	第二欄	第三欄	第四欄	第五欄
洪熙元年乙巳	張程附葛貞傳 姚輯附葛貞傳 朱孝則耶長子以才能起燕府大使 胡誠徵聘賢良方正興化府通判				
宣德元年丙午				盧瑜倉副使	
三年戊申				石蒙知縣	

	四年己酉	五年庚戌	六年辛亥	七年壬子
				張鑑膺文學材行科任嘉定州丞陞潁州判補祁州改調通州
	羅瑾有傳			陳金順天中式科甲碑載己酉與嘉靖甲子科陳金別一人　胡淵省志作紹興人碑錄府志俱作
	陳鷹訓導	包祥教諭	孔愼	

年						
				山陰人今從萬歷志		
八年癸丑		陳金有傳 登曹鼐榜				
十年乙卯			陳禧順天中式 有傳			
年甲 佚			李宗阜	張順訓導 虞鏞知縣		
正統元年丙辰				吳隆縣丞		
三年戊午			趙佐順天中式	劉綏諫子許州		

	四年己未	五年庚申	六年辛酉	七年壬戌
	范升舉經明行修教諭			
				羅澄附羅瑾傳　劉儼榜登
訓導			羅澄瑾子	
知州		壽絅教諭		傅瓛通判　張彝經歷　何禎經歷
			陳志寍順天中式	

九年甲子

俞謐膺懷才抱德科豐城縣丞萬歷志作謐據刋補正

趙永教諭

楊庸教諭

貝昫秉彝孫教授萬歷志作貝煦訓導

王震

王鉉

葉冕砥曾孫順天中式

葉德順滄州

盧怡

	十年乙丑	十二年丁卯
		張璨 居傑子
	葉晃 砥曾孫附砥傳 王鉉 兵科給事中河南布政使司右參議登商輅榜	
籍學正科甲碑不載據嘉慶志萬歷志入		薛頎 省志作頤 訓導
	陳志盈 附陳禧傳	
		陳偉 應天中式

	年甲佚	景泰元年庚午
鄭勤　順天中式　義勇中衛軍籍		陳鶚　長史 趙鍊　知州　省志作練
	沈晃　教諭 鍾具瞻 張珮 謝琦　知事	

	二年辛未	四年癸酉	五年甲戌
	薛伯順貴溪縣丞		
杜鋐同知 謝鳳知府 謝璉鎮江教授 李景修應天中式知縣		趙璉溧陽教諭	
		趙誠有傳	盧埛經歷
			陳偉附陳禧傳

六年乙亥	七年丙子	年甲佚
	吳孟祺萊蕪訓導	張璇李府志作瓛居彥子應懷才抱德科孟縣永清知縣萬歷志作成化九年
	吳袒德安知縣 俞繪有傳 鍾炫知縣 俞昇羅源知縣	
陳奇訓導		陳賁

年						
天順元年丁丑		鄭勤知府登黎淳榜		張達		
三年己卯			王進 陳暉應天中式亦作輝	謝億經歷		
四年庚辰		陳暉碑錄直隸靈壁縣籍有傳登王一夔榜				
五年辛巳				鍾偉照磨		

	六年壬午	七年癸未	八年甲申	年甲佚
	王濬寶慶通判　會稽人上虞籍　吳愼教諭　陸淵之			
范璉教諭		陳衡縣丞	厲雍教授	顏杲教諭見顏煜傳

吳嵩 教授
鍾初 知縣
車誠 萬歷志作
車晟
通判
余良 訓導
王謨
周韶 州同
羅祿 知縣
周諒 訓導

	成化元年乙酉	二年丙戌
		陸淵之有傳 王進有傳 登羅倫榜
	茅和通判 王簡知州 李鑑順天中式知縣	
陳瑗知縣 以上九人選貢		

三年丁亥	四年戊子	五年己丑	七年辛卯
	葉壘教諭府志作教授　洪鍾錢塘籍		徐抃府志作朴　萬歷志作梗今從通
王恂知州		陳庠知縣　唐頊　張克濟同知	趙徵理問康熙志作趙永徵

	八年壬辰	九年癸巳	十年甲午	十一年乙未
				洪鍾有傳 登謝遷榜
志 薛蕃盧江知縣			張檠有傳 劉珩	
	龔球經歷	劉燦珩弟含山知縣		

年						
十二年丙申				賈暹 拔貢教諭		
十四年戊戌		劉珩 附劉履傳 曾登彥榜		鍾圭 訓導		
十七年庚子			葛瓚 九江通判	趙銓 提舉		
十八年壬寅				郭實 訓導		
十九年癸卯			陳汝勉 壽儒 湖廣蘄州籍通志作上虞籍			
二十年甲辰				謝淅 訓導府志		

二十二年丙午

潘府 碑錄不載

張儼 歷任潁上漳州延平廣州府同知

杜淮 知縣

姚鏜 教諭附陳理傳

作

浙

韓銑 拔貢

朱鐸 教諭

二十三年丁未

潘府 有傳
壽儒 主事

賈宗易 清江知縣
陳大經
尹洪 順天中式
張錦 順天中式
韓銑 順天中式 科名碑不載 有傳

	宏治元年戊申	二年己酉	三年庚戌	五年壬子
登費宏榜			尹洪 錦衣衛籍 御史 陳大經 有傳 登錢福榜	
		葛浩 啓曾孫 孫景雲		張文淵
	薛貴 經歷		何璉 教諭	趙瀾 府志作潤

	七年甲寅	八年乙卯
	郭彦安州判	
龔侃通判 陳大紀大經弟 豐儉通判 陳璠府志入嵊縣附張文淵傳		任德和經魁
	葛銘啓孫附啓傳	

	九年丙辰	十年丁巳	十一年戊午
	陳大紀附陳大經傳	葛浩有傳登朱希周榜	
徐朴 謝忠			羅應文有傳
		范塤鄖城知縣河南通志作監生	錢昺教授

十二年己未

張文淵有傳

徐朴省府志作樸知府

葉信

陳大績大經弟附大經傳

謝顯仁和籍順天

朱衮中式省府志列辛酉科誤

朱翊州判

	十三年庚申	十四年辛酉
謝忠有傳 孫景雲玉山知縣 張錦錦衣衛籍知府 敘倫登文榜		
		徐子熙經魁 潘銳御史
	陸鏌訓導	虞璧訓導

上虞縣志校續　卷四　選舉表

	十五年壬戌	十六年癸亥	十七年甲子
	朱袞有傳 葉信思南知府 登康海榜		
王棟訓導 張文澐文淵弟 陳鰲武盜知縣			潘釪通判省志
		王鏞教諭	

	十八年乙丑	年甲佚	正德二年丁卯
		鍾禮有傳	
	徐子熙有傳 登顧鼎臣榜		
作釬 傳南喬山陰籍			曹軒 葛木浩長子附
	鍾球教諭	鍾山 杜海訓導	葛瑪訓導

浩傳

	三年戊辰	四年己巳	五年庚午
		徐文彪有傳	
	謝顯知縣 登呂柟榜		
	顏睢有傳		謝元順會稽籍澤曾孫 陳直卿 石淵之知縣
		茅圻訓導	

	六年辛未	八年癸酉
	張文澐附文淵傳 登楊愼榜	
諸克諧訓導 定海籍 倪鎧有傳		曹輻軒弟 陳楠 潘周錫工部員外郎
	王仁進子附進傳	竺恕訓導

九年甲戌	十年乙亥	十一年丙子
曹軒僉事登唐皐榜		
		徐子俊 羅瑞登鬱林州知州 車純 陸瑄順天中式玉山知縣
	朱文淵有傳	

十三年丁丑	十四年己卯
葛木附浩傳 車純有傳 徐子俊有傳 曹輻參議 傅南喬同知 謝元順郎中 登舒芬榜	
	徐子忱知州府志作餘姚人誤附
	徐子厚文彪子副貢

	年甲佚
	徐子然膺經明行修聘
徐斆傳 徐子宜文彪子附文彪傳 劉鶴珩孫	
	徐大輅理問 葛盃國訓導 葛肄訓導 潘鍊學正 潘鏜學正採訪

嘉靖元年壬午	四年乙酉	五年丙戌
		陳楠有傳
陳紹 陳洙	尹實太僕寺丞	胡景華丙戌會試副榜工部屯田司主事 嚴時中通判
冊作正德十六年貢	陳榾雲南知府	
	羅瑞廷	

	七年戊子	八年己丑	十年辛卯
登龔用卿榜		陳洙有傳　登羅洪先榜	
	賈大亨　謝瑜　姚翔鳳鎧孫　省府志作餘姚人今從進士題名碑錄		葉經
		趙鳳	徐球拔貢盧州

	十一年壬辰	十二年癸巳
		張世宜膺賢才聘亳州知州刋補
	姚翔鳳有傳 葉經有傳 謝瑜有傳登林大欽榜	
陳如愚長史教授 潘璋順天中式知縣		
		陳德明恩縣知縣萬歷志作學正

	十三年甲午	十四年乙未	十六年丁酉	十七年戊戌
作萬曆壬午膺聘				
		陳紹有傳登韓應龍榜		賈大亨有傳
	陳佐有傳 徐維賢		范晉卿長史 陳絳 謝讜	
刋補作縣丞		羅康選貢	趙汝彰拔貢	

十九年庚子

登茅瓚榜

陳講知縣
謝臨舊作檻今從科甲碑誤及省志
葛梢
劉本順天中式
通判
丁時順天中式
冀州知州省志作知州

張健滋府教授嘉慶志作上蔡教授

二十一年壬寅	二十二年癸卯	二十三年甲辰
		徐維賢有傳 徐學詩有傳 陳繹有傳
縣	陳信 徐學詩子忱 子	杜德孚教諭
陳繪程鄉知縣		陳宗岳訓導 附陳輝傳 張炳

二十五年丙午

葛柄 附葛啓傳

謝讜 有傳

陳信 刑部員外郎

登秦鳴雷榜

鄭舜臣 遂子

徐學顏 山陰籍

楊旦

夏宗虞 知縣

二十八年己酉			陳綰 張承賚 金柱 羅康順天中式武清知縣			
二十九年庚戌		顏會福建龍溪籍登唐汝楫榜				
三十一年壬子			潘清亘	徐子麟附文		

	三十二年癸丑	三十四年乙卯
	陳綰有傳 金柱有傳 楊旦主事 登陳謹榜	
陳王政擢彪官傳 潘良貴順天中式科甲碑不載		謝師成府志作辛未誤
		魏瑤副貢兵馬司指揮署東城御史

三十五年丙辰	三十七年戊午	三十八年己未
潘清宣有傳 鄭舜臣附鄭遂傳登諸大綬榜		張承賚有傳 潘長貴碑錄
	朱朋求袞子 謝師嚴師成弟訓導	
俞元直江都縣教諭萬歷志入正德		

(前頁)	四十年辛酉	四十一年壬戌
神武衛籍運使登丁士美榜		朱朋求附朱袞傳 鍾穀有傳
	徐寅盧江教諭 陳王庭有傳 鍾穀府志作壬戌誤	
	徐希明副貢	
	趙全璧順天中式	

	四十三年甲子	四十四年乙丑	年甲佚
			潘鏜膺茂才徵
登申時行榜		謝師嚴有傳登范應期榜	
	鄭一麟舜臣子山陰籍 徐希明子麟 子附文彪傳 陳金應天中式		
		陳輅恩貢推官	丁統教授
	趙國鎮		

御史

朱鼇 訓導
沈琦 訓導
鍾定
成漢 訓導
陳雷 訓導
陳端 教諭
陳相 訓導
楊楷 訓導
張文潛 教授

張氏譜作文漸

王仕進次子高

要訓導

羅瑞明應文子無爲州學正

羅守義學正

唐良才訓導

成維教諭

謝鳴治教諭

茅封訓導

徐國賓教諭

唐良心教諭

以上二人

萬歷志俱

作教

授

姚存諫訓導

徐言教諭

監德

石轘訓導

馮子龍選貢

隆慶元年丁卯

徐震德清教諭
顧充有傳
劉士彥
徐敵東子熙孫附子熙傳隆慶戊辰萬歷甲戌兩登會

雲南經歷
丁大經曲靖衛知事

陳汝忠

年						
二年戊辰			試副榜	陳里恩貢濟南府通判		
四年庚午			倪涷鎧孫 陳民性同知	謝應蓮副貢		
五年辛未		謝師成揭揚知縣登張元忭榜			陳汝忠有傳	
年甲佚				沈遵道訓導		

萬歷元年癸酉

周炳　河源知縣

顏洪範

嚴學曾

陳繼疇　子旦

劉熠　府學恩貢

陳和　德化教諭

葛焜　木子附葛浩傳

倪深

	二年甲戌	四年丙子	五年丁丑	六年戊寅
	倪涑有傳登孫繼皋榜		鄭一麟登沈懋學榜	
李雲龍順天中式		陸鯉順天中式曲靖知府		
				陸汝溥拔貢

	七年己卯	八年庚辰	九年辛巳	十年壬午
	石有聲有傳 陳繼志旦子 歷任碭山鳳陽知縣兼理兩淮鹽務			徐鄰有傳
新城訓導		陳泰旦縉子 北勝州知州	謝課選貢	
				韓應和順天

	十一年癸未	十二年乙酉	十四年戊子
1	十一年癸未	十二年乙酉	十四年戊子
2			
3	陳繼疇有傳　顏洪範疇孫附疇傳　登朱國祚榜		
4			唐藩有傳　徐憲龍詩學
5		徐卿龍詩學　孫副貢	顏學文戊子辛卯兩登順天副榜
6			
7	中式		

	十七年己丑	二十一年癸巳
		張大中舉博
	何大化郎中登焦竑榜	
孫改名爾一有傳 陳仲麟崇仁知縣 何大化 洪瞻祖鍾曾孫省志入仁和		
顏學道戊子辛卯甲午三登順天副榜	陳民愛恩貢教諭	

	二十二年甲午	二十三年乙未	二十五年丁酉
學鴻詞國子監學錄			
陳論　徐艮棟　徐如翰子麟子省志作如瀚誤有			
徐如金副貢　陳志竣紹孫　選貢　趙鶴齡　徐兆龍學詩孫副貢			
			陳汝孝

二十八年庚子	二十六年戊戌	
	洪瞻祖仁和人上虞籍右都御史南贛巡撫登趙秉忠榜	
陳志蹬紹孫經魁南直虹縣知縣		傳 薛思順府志薛誤作蔣
徐景麟副貢 徐如玉副貢		
	陳汝孝汝忠弟附汝忠傳	
顧文綱順天中式		

	二十九年辛丑	三十年壬寅
	徐良棟有傳 徐如翰有傳 登張以誠榜	
省志作登今從萬歷志 陳宇有傳		
陳佩歲貢		陳泰來子綰 府學歲貢
	黃鉞武科第一 有傳 顧文綱北京 巡馬都司	

三十一年癸卯	三十四年丙午
顏洪節改名趙龜齡嘉慶日愉洪範志脫弟嘉慶志龜字作二人今從舊志删其一有傳 趙孟周 吳士觀順天中式	徐人龍鄰子 葛烔清流縣教諭經魁
顧夢科順天中式	

	三十五年丁未	三十七年己酉
	趙孟周有傳 登黃士俊榜	
李懋芳		徐宏泰附徐鄰傳 鄭祖法 徐顯 周夢尹 倪元璐子涷
		徐宗孺八龍兄副貢壬子科又登副榜 顧兌充弟歲貢 荊州教授
		陳嘉謨

	三十八年庚戌	四十年壬子
	鄭祖法延平知府 徐顯改名觀復有傳 登韓敬榜	
陳仕美應天中式 有傳		謝偉師嚴子附 師嚴傳 徐鴻儒改名
		丁文煥副貢
	趙宗周	
		顧景元北直 武驤衛籍

	四十一年癸丑	四十三年乙卯
	周夢尹有傳 李懋芳有傳 登周延儒榜	
景行艮棟之子順天中式德平知縣		石元忠有聲子敎諭 潘灼 陳維新
		潘可遵副貢
	顧景元有傳	

	四十四年丙辰	四十六年戊午
	徐宗孺附徐鄰傳 徐人龍有傳 潘灼沐陽知縣 登錢士升榜	
丁進 徐宗孺鄰子 順天中式		倪元珙

四十七年己未

徐景麟有傳

丁進子中孫附

徐景麟

范澄清宗淵孫附宗淵傳

潘振宗順天中式知縣

顏繼祖福建龍溪軍籍

陳儁雲南參將

年甲佚

子中傳
顏繼祖太常寺博士
登莊際昌榜

趙莘康熙志作一莘
湖口縣知縣
徐汝中訓導
張源通城訓導
顧津

陳拱廣東副總兵

黃鉞
陳雋

陳希周訓導
陳勳訓導
趙仲相有傳
成大器
嚴秉和府學
歲貢
王文紘進曾孫舊志作文紘誤
選貢
唐芳通判

鍾意

葉志雍 子經

恩貢光祿寺少卿

單栻

劉進身

陸定 金華教諭

陸鯉 選貢

章尚絅 知縣

潘清光 訓司

天啓元年辛酉

倪文熺

徐言達爾一子附爾一傳

顧儀登崇禎癸未會試副榜教諭

陳汝奇山陰籍省志作寍波八永嘉教諭

陞教授

胡多順景華子拔貢南和知縣

姚九章歲貢永平通判擢御史

顧承元文綱子順天中式參將殉難遵化

二年壬戌		倪元璐有傳 倪元珙有傳 陳維新有傳 登文震孟榜		丁培恩貢盧化訓導		
四年甲子			顏綸揆洪範孫經元附顏熞傳 陳約崇明知縣附陳旺傳 陳志夔知縣	陳汝璧副貢附陳汝忠傳		顧啟明順天中式 顧鼎順天中式

五年己丑

顏茂猷

徐廷英 希明 孫攺名一掄附文彪傳
顏茂猷 福建平和籍
趙德遴 應天
經元 省志作德麟 錢塘籍有傳

七年丁卯

登余煌榜

葉煥經曾孫附經傳
陳百奇江南銅陵知縣
陳美發約子
趙履祥仲相孫附仲相傳
葛龍官知縣

陸耀卿副貢
崇禎戊辰拔貢

年甲佚

葛百宜焜孫

附葛浩傳

徐允昇

顏俊彥順天中式

顏渾應天中式

竺鶴鳴南盦知府舊志作鷃鳥誤

魏元徵縣丞

	崇禎元年戊辰
	徐允昇廣東兵備道 顏俊彥桐鄉
姚龍光餘杭訓導 倪元瓚附倪涑傳 陳贊明湖州訓導	

	三年庚午
籍推官陳美發附陳旺傳 登劉若宰榜	
	趙履光仲相孫附仲相傳 倪嘉賓北通州知州
	范兆登澄清子副貢 張維歲貢 黃慶遠副貢壬午又中副榜
	陳元霖 陳大材安徽副總兵

四年辛未		顧儀碑錄仁和人上虞籍府志作山陰籍誤工部主事登陳于泰榜				
六年癸酉			羅覺來應天中式	郭振清有傳		
七年甲戌					徐至美有傳	
九年丙子			曹應登桐盧教諭	黃慶逵歲貢		

	十年丁丑	十二年己卯
	蔣文運 大興籍常熟知縣劉同登升榜	
徐景辰 岐山 知縣 蔣文運 順天 中式		葛三錫 應天 陸儀九

	十五年壬午	十六年癸未	年甲佚
			倪元瓚
		徐復儀有傳 登楊廷鑑榜	
中式	徐復儀維賢孫 朱魁鼇 王執中順天中式		
		薛仲龍訓導	朱奇英
			姚衍禮有傳

顔吉光舉卓異授理刑不就
陳重光有傳
嚴經膺孝廉聘東光縣令年號無查
林曰本附林釗傳
曹賢直
曹一泉

金劉勃
周天祐拔貢
張益
葛泰元訓導
姚珽
葛天錫譜作元錫恩貢
葛龍錫恩貢
黃璟拔貢教授

倪越素江西都指揮使同知
陳嘉言天順中式錦衣衛籍
徐至美
蔣英
陳明詔改名光遠錦衣衛籍有傳

年代	徵辟	進士	舉人	貢生	武進士	武舉
				黃儀甫歲貢		
				潘斯諫		
				周士龍		
				周鴻以上三人本五夫志年甲無查		
宏光乙酉	倪元瓚			趙文杞歲貢		
魯王監國乙酉				張上翥恩貢		
國朝	徵辟	進士	舉人	貢生	武進士	武舉
順治二年乙酉				黃應乾恩貢		

	三年丙戌	四年丁亥	五年戊子
	俞有章 科名錄入錢塘籍有傳	顧虞龍 山東清平知縣	謝重輝 省志脫輝字嚴州府教授
有傳	徐允章 拔貢 西安衛經歷	錢鑛 歲貢 龍游訓導	葛翊宸 拔貢 舊志作壬辰刊補作
		丁暹 錢塘籍府志作丁墀	陳一新 六合守備

	六年 己丑	八年 辛卯	九年 壬辰	十一年 甲午
姚泰塤		陳雋卿		徐元愷 李平懋芳恩貢附趙孫科完璧傳作
辛卯令正有傳	陳大倫歲貢 玉山教諭			趙震陽
			鍾鉉省志無康熙志作辛丑	
		鍾鉉 丁樞功		

	十三年丙申	十四年丁酉	十六年己亥	十七年庚子
			李平有傳　登徐元文榜	
名錄入山陰籍		唐徵麟有傳　賈驤衢州教授		
拔貢	趙錫祚歲貢　永康訓導			
				管城康熙志作管成列十四年丁酉

十八年辛丑

年甲佚

徐增燦附唐

管城府志作會

徵麟傳

稽人

顧恆歲貢

徐伯霖觀復子歲貢廣西宣化縣丞

姚夢熊嘉興教授

姚之遴拔貢

州同
陳啟揚　台州
訓導
張翼　拔貢永康
訓導
錢璧　丹陽縣丞
李煥文　歲貢
孝豐
訓導
鄭鴻烈　刊補

作兵拔貢　馬副指揮使

徐元玹附唐　徵麟傳

陳懋觀歲貢　慈溪訓導

車允衡

成維悌有傳

姚晉錫

	康熙二年癸卯	三年甲辰
		陳儁卿 華亭
	王履泰 順天中式	
陳書爵 謝鯤 歲貢 見刊補 顧泰颺 知縣 府志康熙志顧作顏 周祖唐 有傳	范嘉謨 副貢	
	黃爾濟	

	五年丙午	六年丁未	八年己酉
知縣鍾聲之 通州籍 登嚴我斯榜		朱魁鼇 唐山 知縣登繆彤榜	
			李揆敘 內閣
	金蛟		徐彪 運糧千總

	十一年壬子	十四年乙卯	十五年丙辰	十六年丁巳
中書趙驪淵仁和籍	曹鼎吉附曹之參傳	杜淇英		陳克誠省志
	趙際昌震陽子恩貢		范嗣正歲貢備稿作丁丑	宋夢熊訓導

	十七年戊午	二十年辛酉	二十一年壬戌	二十三年甲子
	徐咸清有傳 趙驪淵薦試博學宏詞 東陽敎諭			
			范嘉業內閣中書 蔡升登元榜	
作克成	范嘉業澄清子			陶覲
	胡楨恩貢孝子元彪子			嚴廷桂歲貢
		周士達		施瑨

二十四年乙丑	二十六年丁卯	二十七年戊辰	二十九年庚午	三十一年壬申
		杜淇英有傳 登沈廷文榜		
	馬楠 李瀛山陰籍		顧芳名順天中式	
陳錫瓚拔貢			丁治歲貢	徐翼文府學歲貢訓導見刋補
			金章 方又正	

年						
三十二年癸酉			周超			陳天祺省元　俞彥斌
三十三年甲戌		李瀛三原知縣登胡任輿榜				
三十五年丙子			俞咨	錢選副貢　曹謙吉附曹之參傳歲貢		
三十六年丁丑				顧飛璜歲貢		
三十八年己卯			陳銓順天中式			

年						
			趙鈺			
三十九年庚辰		馬楠戶部郎中 登汪繹榜		范嘉璋歲貢 選訓導未就		
四十年辛巳				徐增煜候補訓導未就		
四十一年壬午			胡世昌 徐雲瑞錢塘籍嘉慶志列進士而缺舉人今據徐雲祥			

四十二年癸未

趙殿最有傳 省志題名碑錄作仁和人 登王式丹榜

傳增入 趙殿最仁和籍 倪運惠天順中式豐潤教諭

四十四年乙酉	四十五年丙戌	四十七年戊子	四十八年己丑
	胡世昌有傳 登王雲錦榜		陳棫柳州知州
陳棫 葛成鼎河陰知縣			
顧孝忠作忠孝誤歲貢			陳邁黔有傳
			金介檜狠山
		金介檜省元 章之浩盌波城守營都司	

	五十年辛卯	五十一年壬辰
周超山西汾陽知縣碑錄作徐超誤 趙國麟山東泰安籍協辦大學士 登趙熊詔榜		徐雲瑞附雲
	徐自任 倪洞 呂乾學	
		范兆逵歲貢
參將府志作會稽人		

	五十二年癸巳	五十三年甲午
祥傳碑錄列錢塘籍登王世琛榜	徐雲祥雲瑞兄連捷有傳登王敬銘榜	
	陳經 趙祚昌順天中式	錢必達嘉慶志作徐必達誤今據通志正 張煓於潛教諭
	范宏泰連捷	
	趙昭	

五十六年丁酉			葉蓁有傳 錢陸剛錢塘籍山西偏關知縣 韓雲附韓王儉傳 趙世玉省府志題名碑錄無嘉慶志入仍之	賈駪府學歲貢 鄭彰歲貢		
五十七年戊戌				顧子錡歲貢		

五十九年庚子	六十年辛丑	年甲 佚
		趙國麟
楊王治副貢 天台教諭 李國梁副貢 附葉蓁傳		徐貞 朱鵬圖附朱鼎祚傳
	錢補嵩武德 昭勇將軍	
錢補嵩		

周士誥備稿作吉誥

拔貢

夏升歆

丁鶴歲貢有傳

徐允定附徐咸清傳

趙祚昌震陽子

范金城

羅晉介舊志作金介誤

李公庠

張自蕃

梁韋康熙志作偉

趙錠康熙志作珽

曹陛慶

許吉八

胡璔貢恩

徐鉽

趙允昌震陽

子

謝琛

唐聲聞

羅巖

錢霍有傳

雍正元年癸卯

倪洞
徐自任 附徐
允達傳
登于振榜

倪統

柴應櫄
陳毓琳
王以瀘
劉元龍
陳兆成 附徐
肇楠傳
謝德成 拔貢
陳嘉賓 副貢
徐軾 副貢 舊志

二年甲辰

鄭爚有傳

陳捷

張元鑑

趙殿昇仁和

籍國子監

學正嘉慶

軾誤作鉞

沈如林副貢

天津教諭

徐睿照副貢

何塤歲貢

王雲衢武魁

	三年乙巳	四年丙午	六年戊申	七年己酉	八年庚戌
				倪長庚膺賢良薦甘肅州判	何克明膺賢良方正
					謝鍠淮陽河庫道登周靄榜
志作殿最列癸卯誤		陳夔			
	陳瓚歲貢訓導		陳于前歲貢有傳	趙金簡拔貢	王廷彥據達溪王氏譜入歲貢

十三年乙卯	十二年甲寅	十年壬子
徐自信附徐允達傳 徐宏仁山陰		
		趙溶順天中式錢塘籍 顧銓順天籍見刋補
王增拔貢 范士奇副貢	徐來復歲貢見備稿	夏聲歲貢

	乾隆元年丙辰	三年戊午
籍有傳	趙昱有傳 趙信附昱傳	
	諸葛江通判 署高郵知州 張鯉 俞學登 趙金簡順天中式	李祥麟 周伊子超三
	丁大川 恩貢府志列朱美斯非 趙轂昌震陽 子歲貢	陳呂歲貢
		田聖一

年					
四年己未		李祥麟貴州安南知縣 趙金簡有傳 登莊有恭榜			
五年庚申				黃人傑歲貢	
六年辛酉			馬文炳一作士炳	周王器拔貢	何長庚刊補江南宣州衛千總舊志列康熙癸巳誤
七年壬戌				趙正緒歲貢	

九年甲子	十年乙丑
	趙孫英有傳題名碑錄作孫英大興籍
張鳳閣附張鳳翥傳 張鯤府志作鯉 張鳳翥 趙孫英順天中式榜姓孫	
陳曾歲貢	

年		舉人		貢		
		登錢維城榜				
十一年丙寅				丁大阜歲貢		
十二年丁卯						徐之騂
十三年戊辰		張鳳翥有傳 登梁國治榜		陳元麟歲貢		
十五年庚午				陳蘩炳 恩貢 丁斌歲貢		
十六年辛未		張鮔寍波教授				

	十七年壬申	十八年癸酉
登吳鴻榜		
		徐芳子宏仁附　宏仁傳　周王器
	陳潮府學歲貢　附陳于前傳　徐殿邦恩貢　徐期寬歲貢	潘文炳拔貢　有傳府志作潘炳
		陳龍

	十九年甲戌	二十一年丙子
趙嵩英（教諭） 陳謨（仁和籍科名錄作陳模崇仁知縣）		李國炳（會稽籍亦作國柄） 徐錫川（順天）
	鄭謨（歲貢）附鄭平傳	

	二十二年丁丑	二十三年戊寅	二十四年己卯	二十五年庚辰
中式有傳			范衷 徐轂府志作轂誤	徐思東教諭 徐觀海錢塘籍知縣
	徐登雲歲貢	祝自超歲貢		王嘉範歲貢

二十七年壬午	二十八年癸未	三十年乙酉	三十一年丙戌
			徐聯奎南昌
陳燧孝豐教諭		徐立綱宛平籍由拔貢順天中式　徐聯奎山陰籍碑錄作時奎	
葛宗道恩貢　顧肯堂歲貢	陳洪揆歲貢	傳月峰恩貢　陳廷瓚拔貢　朱芹副貢	徐修德歲貢
			何俊福建建甌
何俊錢塘籍			

年	第一格	第二格	第三格	第四格	第五格
		同知 登張書勳榜			等處總兵署福建水師廈門提督
三十三年戊子			朱芹 改名亦棟 有傳 范景炎 府志科名錄誤作景文泰順敎諭	李際麟 歲貢	
三十五年庚寅			章鋼 顧純愷	章軒 歲貢 有傳	

年						
三十六年辛卯		范衷有傳 鄭源濤庶常郎中宛平籍碑錄不載 登黃軒榜	章堦舊志作階 備稿作錯誤 王復旦			
三十七年壬辰				陳思軾恩貢嘉慶志作師軾 許贊歲貢		
三十九年甲午			石志仁錢塘籍	湯淦副貢訓導 馬士堅歲貢		

四十年乙未

徐立綱改歸

胡如澎改名如瀛嘉慶志作如澍
知縣
顧曦順天中式
仁和教諭
趙驤順天中式
陳楷仁和籍教諭

	四十一年丙申	四十二年丁酉
原籍編修記名御史登吳錫齡榜		
		顧廷瑜順天中式仁懷知縣　徐熙順天中式改名配義　李鼎會稽籍有傳
	管聲歲貢	金廷桂拔貢　徐世璣副貢

年						
四十三年戊戌				陳傑士歲貢		
四十四年己亥			羅際隆府志作際龍 王煦有傳 王鳳翽廣東和平知縣			
四十五年庚子		趙驤欽州知州 登汪如洋榜	章經鍇子	賈夢熊恩貢 桑景翰歲貢		

四十六年辛丑	四十七年壬寅	四十八年癸卯	四十九年甲辰
石志仁 錢登榮榜			
		謝培 知縣 錢燦 殿宣弟湯溪教諭 錢殿宣 新城訓導	
	吳櫻 歲貢	賈鼎 歲貢	陸平世 歲貢

五十年己巳	五十一年丙午	五十二年丁未
		朱鈺錢塘籍登史致光榜
	趙蒔蘭科名錄入錢塘籍從嘉慶志正	
唐秉泰恩貢	嚴燮副貢 李思曾鼎子副貢 陳壇府學歲貢 羅大鼎歲貢	

年	進士	舉人	副榜	貢
五十三年戊申			陳崑元	張駿府學歲貢 鄭哲貽歲貢府志列周鼐非
五十四年己酉		顧德慶山西陽曲籍府志作山陰人登胡長齡榜	李師載科名錄列會稽籍 何鍇改名鈺昌平州籍雞澤訓導	吳啟焞拔貢壽昌教諭
五十五年庚戌				羅爟恩貢

五十七年壬子

王登堦 永康教諭

張謇 宛平知縣

趙麟 仁和籍

朱王 順天中式鹽亭知縣

胡三多 順天中式歷任湖南龍山

賈敬存 歲貢

阮寅 歲貢

	五十九年甲寅	六十年乙卯
東安知縣陳楠順天中式　俞震順天中式	陳藩遂安教諭	趙應奎　趙世鴻
	劉曙霞歲貢	徐世枚副貢　立綱子　張濤鳳翥孫順天副貢附鳳翥傳　錢殿緯歲貢

年甲佚	嘉慶元年丙辰	三年戊午
	趙麟兵部員外郎仁和籍登趙文楷榜	
		王登墉登堦弟經魁
黃肇敏歲貢授州同有傳 鄭又錀 唐聖賫	沈德林恩貢 朱璟歲貢	錢暄歲貢 趙公邁

徐肆三改名迪惠有傳

陳夢星改名廷模金華教諭

葉煌遂昌訓導

夏琳順天中式獲嘉知縣

沈省連教諭

王達善順天

欽賜副貢

五年
庚申

中式
金城改名肇榮
雜谷廳籍
鳳翔知縣
謝嵩改名湛署
山西長
治知縣
羅嘉元改名
禹源順天
中式附父
大純
傅
倪孟華順天

曹炳
恩貢

年					
				中式廣東番禺籍趙公邁欽賜舉人	
六年辛酉			倪孟華御史 登顧皐榜 趙公邁欽賜進士國子監學正	徐松大興籍	錢駢拔貢
九年甲子				陳均太平教諭 糜錦標順天	陳天爵副貢 胡雲煥歲貢

年						
			中式　范廷懋衷子順天中式附衷傳			
十年乙丑			徐松有傳　登彭浚榜			
十一年丙寅					顧恆府學歲貢	
十二年丁卯				徐鳳起欽賜舉人	丁丹書副貢　蘭溪教諭	
十三年戊辰			徐鳳起欽	錢珏東陽教諭	羅栩歲貢　衢州	

	十五年庚午	十六年辛未
賜翰林院檢討		錢騋有傳 登蔣立鏞榜
	張之翰東陽 訓導 呂蕙蘭 錢騋順天中式	
訓導 項如塤 欽賜副貢	趙琴 恩貢有傳	

十八年癸酉

何之俊 鍇子 順天昌平籍

胡樹本 府學 拔貢金華訓導

錢應酒 拔貢

徐樹丹 副貢

桐廬教諭

嚴鵬飛

夏維周

丁軾 以上三人

俱欽賜副貢

范八龍

十九年甲戌	二十一年丙子	二十三年戊寅	二十四年己卯
		馬騰飛順天中式	錢應涵應培弟經魁嘉興訓導 倪璜 陳廷連歷任
魏斌歲貢	嚴守謙副貢	徐文潮恩貢有傳 成潤之歲貢	

	二十五年庚辰	年甲 佚
碭山清河知縣 錢應昇 應涵弟有傳 夏松 順天中式		
	陳其書 歲貢 錢鑑 歲貢	陳光嶽 歲貢 馬星經 歲貢 呂薰蘭 歲貢

道光元年辛巳

錢玫有傳

倪潤分水教諭

萬文熙

沈清瀾有傳

錢獻廥原名

陳寶三陝西吳堡知縣

錢應培應涵兄

金璟歲貢

葛鑑

恩貢

二年壬午

曹鳳標武義
訓導
胡文照天順
中式

許正陽
孫貽謀鄞縣
教諭
王天錫天順
中式一
作天燮

錢協和優貢

	三年癸未	四年甲申	五年乙酉
	萬文眞 登林召棠榜		
連飛熊 鄞縣籍			錢協和 內閣中書 錢福熙 松陽訓導
	趙圻 歲貢 陳綺樹 歲貢	經維翰 歲貢	王夢柯 拔貢

	六年丙戌	八年戊子
潘斌順天中式		陳洪昌 劉鎮陽有傳 金階原名灝順天中式 夏謙順天中式開平知縣署儋州知州
	周廷濂歲貢 鍾斌歲貢	王邦蒸歲貢
		虞錫朋

	九年己丑	十一年辛卯
	許正陽改名正綬有傳登李振鈞榜	
州		王振綱附王望霖傳 謝簡廷副貢 龔裕 王秉楏原名夢柯順天中式

年	
十二年壬辰	
陳廷濬 順天中式	謝寀 歷署平湖武康樂清慶元訓導 王清渠 登階子順天中式榜姓葉名煌 徐祖望 順天中式
	經坊 歲貢 周之冕 歲貢

十四年甲午	十五年乙未
何芾棠 大挑 敎諭新城訓導 俞賡颺 經文翰 順天中式榜姓張	陳圯 經魁 倪暄 羅寶森 俞潘 江西知縣
李貫 歲貢	錢裕 副貢 王濬 歲貢 夏鈞 恩貢
	戚維熊 藍翎侍衛
戚維熊	戚光緒 餘姚滸山汛官

	十六年丙申	十七年丁酉	十八年戊戌	十九年己亥
金朝棟階子有傳		朱旌臣有傳 陳遇淸 袁希祖漢陽籍		鄭燦改名炳煃
	石琦歲貢	顧璪拔貢	錢徵熊歲貢	

	二十年庚子	二十二年壬寅	二十三年癸卯
	王清渠改名怡善歷任知縣 虞家泰吏部主事 登李承霖榜		
虞家泰順天中式宛平籍			張襄順天中式
	宋清歲貢	謝鶴齡歲貢	

	二十四年甲辰
由內閣中書歷任山東知府 夏雲煥順天中式任內閣中書濟南曹州武定知府	田俊千改名徐棠歲貢士昀有傳 葉廉鍔平湖籍

年						
二十五年乙巳		羅寶森翰林院庶吉士刑部郎中登蕭錦忠榜				
二十六年丙午			夏煥章永定知縣 陳光斗廷連子改名景祺 劉煇有傳	曹日丹恩貢		
二十七年丁未		袁希祖有傳				

		登張之萬榜				
二十八年戊申				錢紀勳歲貢		
二十九年己酉			徐均順天中式 徐墫順天中式 羅文濤順天中式	王鏗拔貢 徐鼎梅改名虞復副貢附迪惠傳 徐汝賢改名子晉副貢遂安教諭 趙鑒副貢		
三十年庚戌				許學塏		

年甲
佚

恩貢
魏露芬歲貢
王曰睿
倪端
龔蘇
陳官壽
曹桂

咸豐元年辛亥

周鼎祚原名夢崔

金敞恩貢

	二年壬子	三年癸丑
	陳景祺有傳 登章鋆榜	
周學濂 欽賜副貢 胡心庠天順 副貢	王志熙 恩貢 陳丙 恩貢	傅宗說 歲貢

	五年甲寅	六年丙辰	七年丁巳	八年戊午	九年己未
				錢炳範	錢世敘　徐作梅
黃巖泰順教諭	杜景延　恩貢　徐煥文歲貢	魏維翰歲貢	徐肇聰歲貢		王琖歲貢有傳
				葉經邦	

十年庚申	十一年辛酉
錢世敘有傳 登鍾駿聲榜	
徐炳恩貢衢州嘉興教授 徐垚樹丹子歲貢	朱懋政拔貢刑部郎中 徐彥藻歲貢 徐壽南

五年丙寅	四年乙丑補行咸豐辛酉並壬戌恩科	同治元年壬戌	
	謝覲光 陳夢麟景祺 子 錢容		
錢錦章	羅瑞璋副貢 萬士周歲貢	趙漣 恩貢瑞安訓導 韓文熙歲貢	欽賜副貢

六年丁卯並補行甲子科

胡仁耀　附胡元彪傳
羅樹棠　處州教諭

恩貢
張萬選　歲貢
連茹　副貢
徐澍嘉　副貢
陳介壽　欽賜副貢
梁國楨　欽賜副貢
葉堯春

劉紹安
宋文熲
徐騰雲

	七年戊辰	八年己巳	九年庚午	十年辛未
		王琖有傳		
	徐作梅附徐迪惠傳登洪鈞榜			陳夢麟附景祺傳
			葉向榮東陽俞載欽歲貢 訓導 陳月梯 任駿浦江欽賜訓導副貢	
欽賜副貢	羅寶煦歲貢			

十一年壬申	十二年癸酉
登梁耀樞榜	
	王師曾天錫　孫經魁　王濟清
曹濬恩貢　丁學之歲貢	宋棠拔貢　朱孔陽副貢　嚴徵庶欽賜副貢　金師梁欽賜副貢

年						
				趙鴻漸欽賜副貢		
十三年甲戌				陳粱材歲貢		
光緒元年乙亥			莫峻 連文沖錢塘籍自華子見附考			
二年丙子		莫峻刑部主事登曹鴻勛榜	賈淇 朱裳改名士黻 杜召棠	柴毓秀恩貢 袁炘照歲貢		

年	舉人	進士		貢
			錢繼曾	
三年丁丑		連文沖內閣中書登王仁堪榜		金鑑府學歲貢
四年戊寅	谷鑣舉孝廉方正			錢維和歲貢
五年己卯				杜煥章副貢
六年庚辰	錢玉綸舉孝廉方正			黃維翰恩貢

嚴濟寬　府學

歲貢

黃宋風　歲貢

八年壬午

舉　王受豫　孝廉方正

吳聲律　順天中式

錢純　恩貢

錢振鎬　副貢

遂昌教諭

陳經　歲貢

九年癸未

徐有常　府學

歲貢

年						
十年甲申				連蘅歲貢		
十一年乙酉			黃采風 連文淵文沖弟錢塘籍	曹官俊拔貢 朱贊湯副貢 連葆仁副貢		
十二年丙戌		朱士黻湖南知縣登趙以炯榜		嚴寅恭府學歲貢 成八美歲貢		
十四年戊子			趙琴秀水訓導 徐承宣彥藻	王渭歲貢 王恩元優貢		

十五年己丑

子

何紹聞 江欽賜 蘇副貢

知縣

張晉鑑 萬選子

徐紹謙

徐智光

王佐

夏鍾濬 錢塘

谷南林

陳世楷 遇清子 恩貢

	十六年庚寅	十七年辛卯
籍 胡之冕順天中式直隸灤平籍		錢振麟
	徐宗祐恩貢 錢慶榮歲貢 范德峻府學恩貢	

年				
（前年）			黃鍾俊禾風子	
十八年壬辰				黃誠祈歲貢
十九年癸巳			羅明昶　錢葆詵容子	金祖烝副貢　陳兆副貢
二十年甲午		杜召棠江蘇知縣　登張謇榜	胡錫書　錢曾敬昌子　王恩元	錢培歲貢
二十一年乙未		徐承宣		錢敬昌歲貢

二十三年丁酉

登駱成驤榜

王廷耀
王室藩 受豫
弟
曹振采
朱彭壽
黃維翰

陳鑑藻 府學
拔貢
胡舜封 拔貢
陳詩 副貢
張邦翰 副貢
金谷蘭 副貢
王履坤
欽賜副貢

附考

漢

綦毋俊案俊舉孝廉年號無査今據合浦蠻反事在元初三年列元初

魏

騰舊傳不載徵辟從刪

南北朝

謝瞻謝晦案瞻晦傳瞻初爲桓偉安西將軍終豫章太守晦爲宋臺右衞俱不載及徵辟嘉慶志列選舉表今刪

唐

張文吉張次宴張堦張埴張坦俱據刊補續錄增入

五代

張仁皎張仁覿張仁遠俱據刊補續錄增入

宋

張伯攸據刊補續錄增入

徐夢麟據徐繼文傳增入

劉少璟劉少璁案劉氏譜少璁係宋祥符間進士少璟係景德間進士諸志無嘉慶志入仍之

黄韶中張延壽舊志作政和八年嘉王榜案宋史徽宗本紀政和七年六月以嘉王楷爲太傅重和元年三月令嘉王楷赴廷對有司以嘉王楷爲第一帝不欲楷先多士遂以王昂爲榜首舊誤今正

劉開劉閒劉閎劉聞劉閏劉閌劉昌世案宋制設進士科皆秋取解冬集禮

部春考試合格及第者列名放榜於尚書省故有舉進士而不第者查劉氏七人俱稱舉進士未審是否及第今劉問以下六人仍從嘉慶志劉開從採訪冊並載入

趙汝鍔李唐卿二人省志無嘉慶志從萬歷志載入仍之

周之端通志入上虞宋高似孫剡錄進士題名載周之瑞嵊人存以俟考

豐友俊案省志紹熙庚戌榜在鄞爲豐有俊在上虞爲豐友俊明係兩人或據絜齋集將友俊改作有俊誤

盧禰之申宋說任必萬過文通田廩刊禰云五人舊志不載俞卿府志作嵊人惟乾隆府志從通志入上虞然紹定二年進士任貴下注必萬子嵊人嘉熙二年進士過正已下注文煥弟嵊人文通府志本作文煥知五人爲嵊人無疑據刪

趙希抃舊志作汴今從正統志改又希抃以下七趙省府志均不載舊志祇列其名不詳履歷從刊補增

孫爏祖省志作孫爔視嘉慶志作洽祖今正

葛巇葛季昴備稿引萬歷志云文天祥登科錄是科上虞進士祇四人今據葛氏之後所藏有葛巇葛季昴云在上虞事介疑信嘉慶志仍列其名存以俟覈又季昴傳端平時徵博學鴻詞因補入徵辟

周遇龍備稿云省府志皆無考是榜有黃遇龍係餘姚人疑有舛誤姑仍萬歷志存之

劉漢傑正統萬歷康熙志俱無今查劉氏譜載登景定三年進士知嘉興等府因仍嘉慶志入

趙必蒸趙氏家集初名湘號宗諭別號南谷老人趙與闢有賀南谷兒與男孫同科詩又趙琴三忠祠記必蒸與子艮坡孫友直同舉咸淳元年進士萬歷康熙志俱無今仍嘉慶志

李知退萬歷康熙志俱無今據正統志補入

劉邦義劉邦休劉昌辰劉昌朝劉元震劉昌齡劉建鶚劉

漢儀案八人皆鄉舉萬歷康熙志無嘉慶志入茲於宋元以前載進士不載舉人八人未便列之表內刊補之王裕採訪冊之陸思德俱倣此

楊次山楊次海沈清夫　次山本傳補右學生並不言武進武進士歷官吉州刺史與本傳迥異嘉慶志沿其誤列入表今据傳刪次海清夫萬歷康熙志亦列武職無科目惟舊志於武科多略不詳年甲姑仍之

李以秉　刊補案上虞縣進士題名殘碑杜夢與前有特奏名李以秉年分俱泐查通志惟寶祐四年文天祥榜有李以秉名註鄞人茲以勒名碑記姑存俟考

元

王深王式　刊補云王深字本清元併江南詔江浙行中書省舉奇才茂德之士本縣以深應命至京師授

國子監學錄式與深並見

王氏世紀錄舊無今補

徐昭文　嘉慶志徐昭文傳應辟爲吳淞教諭據補入

張起巖　案刋補引文苑傳云仁宗始設科取士擢起巖第一是起巖乃進士非薦辟嘉慶志誤今正

張以寍　案據明史文苑傳以寍古田人非上虞人嘉慶志入今删

宋居敬　據錢玫補稿增入

陳寍　案陳氏譜延祐戊午省元官紹興路總管墓在城西茅竹蓬舊志無嘉慶志入之不爲無據但宋元以前祇載進士武舉未便列之表內從删

明

張公器　刋補字從善辛亥四年膺聘知建德縣賑饑有功催科不擾事載建德縣志舊作三十四年非今正

屠士宏　刋補云字霞林謝肅送屠士宏應召序十有五年
朝諭各布政司暨府州縣民間秀才三十以上七
十以下悉徵赴京師於是上虞士應召者若干人其一
則屠士宏也據此當改入十五年舊作三十二年誤

倪守仁　刋補字安道諳天文歷律之學隱於
賀溪洪武十七年應人才聘據補入

劉鵬　陳山　案劉鵬守拙編序云洪武辛未鵬與陳伯高以
賢良徵據此萬歷志陳山作二十九年辟當改
劉鵬失載當補嘉慶
志渾列洪武末注明

許昇　省志無嘉慶志仍萬歷志存之無年分案劉鵬守拙
編序洪武辛未與許士昇以賢良徵又案皇明古虞
詩集昇字士昇號坦坡洪武甲子舉人
據此士昇當改書名徵辟舉人當兩列

尹克順　案歇菴集趙母一品夫人尹氏墓志銘尹之先青
人也後遷上虞五夫里洪武間刑部主事克順者
以幹局通敏稱太祖呼爲尹御俐又案尹氏譜克順名
順以字行洪武二十四年膺人材聘拜四川司主事嘉

慶志佚年甲令補正

張九容據張氏家傳洪武甲戌以賢才舉召對稱旨則九容舉賢才當改作二十七年舊列二年誤

丁和丁侃案丁氏譜和字維禎洪武二十八年舉賢才膺聘授靖安縣丞改丞福建閩縣侃字友直丞樂二十年由人材授溧陽縣主簿改知縣嘉慶志丁和入丞樂令改正丁侃失載今補

張思齊倪春思齊據乾隆府志薦辟表增春據倪文貞公年譜洪武時以賢良徵不赴補入

王起東據李府志增入

葛肇葛興葛隆據葛貞傳子肇與從兄興隆俱徵聘不赴敦行嗜學有悠然風補入

朱右朱昈朱孝達朱孝思朱孝則俱據採訪冊補入

俞荼沈奎補稿云宜與誠改入六年膺聘但萬歷志祇云以賢才應詔試天官中選不言某年因附洪武末

曹賢直曹一泉據沈文奎百歲堂記補入年甲無考故附明崇禎末

柳宗岳嘉慶志載舉人不載進士今據正統志補

杜肅嚴震張孝本陳暉以上四人進士題名碑録上虞科甲碑俱無萬歷志嘉慶志均入今仍之

車儀案謝肅送儀歸京師序洪武十一年簡拔太學生之高才者四十有二吾鄉義初裒然在列義初即儀字其簡拔在洪武戊午舊列己酉誤

伍建據傳建係洪武初進士嘉慶志列貢生不列進士漏今補

顧思禮嘉慶志作教授案劉莘范文遠墓誌銘云與刑部員外陳時舉縣尹顧思禮更相砥礪又案顧氏譜思禮官知縣遭漢府之變全家戍陜據此則思禮不止教授

張恆敬據刊補採張氏譜增入

盧伯輝　徐紳　杜泗三人出貢年分正統志較歲貢題名碑俱先一年今從題名碑

陳秉全舊志列貢生今案萬歷志作陳秉監生嘉慶志陳秉全傳稱國學生無論是否一人總之均非貢生矣應刪○又案明代貢生舊志皆不紀年今自嘉靖以前從歲貢題名碑詳載其他或從刊補各家譜牒及採訪冊略載一二餘無年甲可稽者通附各朝之末又案歲貢碑附載例貢今惟恩拔副歲優五貢入之餘不錄正統志所載貢生年甲多與題名碑不合今從碑記

趙聰　趙彖　葛啓　陸秩　管陸案五人正統志一作永樂癸未一作甲申葛陸管三人無年甲今據歲貢碑入建文舊列永樂者以明時曾削建文年號故也

徐徵　車佑嘉慶志徵作喬年今從萬歷志佑萬歷志作祐今從府志

陳道安　刋補採陳氏譜字謂性永樂初薦人材不就隱居四都九峰山補入

陳敏　刋補採陳氏譜字好義永樂間以人材薦母老乞歸補入

張程　嘉慶志失載今據萬歷志補

姚輯　萬歷志傳姚輯字孟曦被徵不就又姚氏譜作永樂中張鑑薦經明行修不就舊無今增

張鑑　案張氏譜宣德壬子鑑以禮經膺文學材行制科吏禮二部及翰林三試皆首選據此鑑宜改入宣德舊作正統誤又案鑑被徵在宣德朝未便於永樂時薦舉姚輯疑有誤存以俟考

張嵓　案省志辛卯癸卯兩載張嵓實即一人今據科甲碑及張氏譜祗載癸卯

貝秉彝　明史秉彝傳作永樂二年進士科甲碑作壬午今從史

胡誠　貝瓊　誠據胡氏譜入瓊省志無今從嘉慶志據科甲碑入

張驥嘉慶志作騁通志
府志俱作驥今正

陳羆案陳氏譜羆字孟祺由進士拜江西道監察
御史兄熊弟麃省志羆作熊誤今仍嘉慶志

李宗皐據明史兵
志補入

范升據升生壙自述於正統四年己未係文興鍾先生薦
舉且吏部檄下着令本縣提調考試時主試者邑宰
李景華是升於正統己未
薦辟嘉慶志作永樂誤

張璨案張氏譜璨字景玉居傑子肇慶府知府謝
琬薦於朝辭不赴當即是人萬歷志作燦誤

倪述初謝時康案嘉慶志倪鎧謝瑜傳述
初時康俱不載徵辟今刪

張璇案張氏譜璇字景桓居彥子景泰間應懷才抱德科
任昌平縣丞佐政有方秩滿陞孟縣知縣再任永清
萬歷志徵辟有張瓛無璇且入成化嘉慶志仍之永清
志職官表作張巘在宏治中河南通志載孟縣張瓛疑

璇後改名瓛，永清志誤巘耳，至年世不符。當以家傳爲據，因易張瓛爲張璇入景泰。

范璉　嘉慶志載璉貢生，無年甲，歲貢碑載甲申選貢。案：徐守誠《范君墓表》云：天順五年領貢，授廣東樂會訓導，擢湖廣咸寧教諭。據此應改入辛巳。

鍾偉　萬歷志作韋，嘉慶志作韋，瞻今從歲貢碑。

賈章　案：賈氏譜章以善楷書薦爲戶曹掾，尋除光祿寺錄事，不言領貢，據刊補刪。

張錦　張克濟　錦省、府志成化丙午，宏治乙卯兩載，嘉慶志刪其一，仍之。克濟歲貢碑不載，據張氏譜入。

張翰英　省志薦辟有張翰英，案：居傑字翰英，不由薦辟，錢玫云此嵊人，當刪，從之。

陳璣　案：碑錄山東籍入餘姚，通志亦入餘姚，萬歷志無，刪。

豐儉　雍正通志、乾隆府志俱載豐儉成化十九年癸卯科中式，嵊人。府志又載宏治五年壬子科豐儉上虞人

官通判嘉慶志據
以載入今仍其舊

陳　璠　案西河陳氏譜璠字景明宏治壬子以增生中浙江
鄉試甲寅卒於南雍邸舍年二十有八府志誤爲嵊
人查璠爲陳珂兄官長
史蓋嵊又有一陳璠也

潘　釪　潘鍊嘉慶志於鍾球後以甲子科舉人潘釪並列諸
甲子科貢生誤據刋補正潘鍊據五夫志補入

傅南喬　山陰籍嘉慶志列進士而
缺舉人今據萬歷志補

據備稿云府志於正德年僅列餘姚許龍徐子元

徐子然　周禮上虞徐文彪四人並無徐子然考明史正德
四年浙江大吏薦周禮等劉瑾以四人皆謝遷同鄉矯
旨下禮等謫戍邊衛且著令餘姚人不得選京官據此
則四人外無人矣嘉慶
志列之文彪後姑存

洪　澄　案洪氏自有恆移籍錢塘至襄惠鍾凡三世澄已四
世故删瞻祖以仍籍上虞載之科甲碑列澄而删瞻

祖未是

謝元順 案元順爲謝澤曾孫雖會稽籍實上虞人故不注又嘉慶志元順列進士缺舉人今據萬歷志補

潘鏜 據五夫志以茂才徵爲御史增

諸克諧 省志作定海人嘉慶志據萬歷志入今仍其舊

顏會 省府志題名碑錄俱不載今據顏氏譜入

謝徵 科甲碑不載省志作會稽人改籍已久從删

杜德孚 通志作嵊人考嵊志德孚正德丙子順天中式時地俱不合仍從嘉慶志存以俟考

王念祖 通志作鄞人嵊縣志載中貴州軍衛籍萬歷康熙志俱無據删

陳金 萬歷志兩載案宣德壬子科舉人陳金字汝礪號自愚嘉靖甲子科舉人陳金字和甫號礪吾確係兩人

嘉慶志删其一誤今補

趙鳳趙汝彰魏瑶俱據刋補補入

徐學顏刋補字以愚由增廣生貢入太學官光祿寺丞著有洙川集據補入

俞元直刋補採俞氏譜字夢卿嘉靖丙辰歲貢由訓導陞教諭嘉慶志列正德貢今正

馮子龍丁大經二人舊表無據刋補并採訪冊增凡刋補及各家譜牒採訪有年甲者各依次增入無查者通附於末下倣此

徐啟東案李府志載隆慶元年舉人官知縣舊志誤入進士今正

楊繼時萬歷志注錢塘籍恩貢又潘景元注仁和籍凡貢除順天副貢外非本籍者不錄如謝純應天籍副貢顏茂猷平和籍貢謝君顯山西籍選貢羅覺來應天籍副貢以及本朝李宗山陰籍歲貢范家相孝豐籍

拔貢張大本仁和籍歲貢王琦諸暨籍貢徐景雲昌平籍貢柯純山陰籍拔貢連自華錢塘籍優貢至刊補所收外籍尤多概從刪裁

謝應蓮號念崔十二入泮十五食餼隆慶四年副貢萬歷十八年選貢據謝氏譜增入

張大中案張氏譜萬歷癸巳膺鴻詞者名大中官國子監學錄名大本者字立如由仁和籍康熙乙酉歲貢官光祿寺署正嘉慶志誤以大中爲大本今正

顏繼祖據刊補採顏氏譜號同簡萬歷戊午中福建龍溪籍己未進士官南京太常寺博士補入

何大化萬歷志不署官嘉慶志注按察使府志注參政今據何氏譜作郎中

吳士觀倪深謝課顏學文顏學道士觀據通志上虞人順天中式補入深據孫鑛倪南望墓誌銘課據刊補學文學道並據刊補採顏氏譜增入

顧津顧兄潘可遵 津兄據顧氏譜可遵據五夫志舊無今增入

顏茂猷顏俊彥顏渾 茂猷號壯奇俊彥號雪癯渾俱據顏氏譜增入

胡多順 嘉慶志萬歷天啟間名兩列今據備稿刊其一

姚九章 據姚氏譜天啟辛酉貢生嘉慶志列崇禎今更正

倪元瓚 刊補採子園集元瓚字子園由貢生授兵部職方司員外七徵不就舊無今增

顏吉光 據顏氏譜字燦元崇禎末年以邑庠生舉人才卓異授理刑不就補入

嚴經林日本鍾禮 經林據五夫志日本據林釗傳禮據萬歷志方伎補入

徐言達徐景行 言達崇禎癸未會試副榜嘉慶志入進士今仍列舉人景行據徐艮棟傳補入

羅覺來 嘉慶志仍省志作崇禎癸酉舉人又仍康熙志作崇禎癸酉副貢今仍刊補存其一

張維葛天錫葛龍錫 維字若太見張氏譜天錫龍錫見葛氏譜俱據刊補增入

朱奇英趙文杞 奇英府學貢據府志補入文杞據刊補採趙氏譜增入

趙全璧趙國鎮趙宗周 俱據刊補採西華趙氏譜增入○以下武科

顧文綱 案顧氏譜文綱號肖齋萬歷庚子順天武舉辛丑進士奉差遭變而亡又案陶望齡爲虞令胡思伸作學田碑記云萬歷辛丑第武試者二人其一則杰然而魁天下閱前志是科進士祇載黃鉞曾闕一人核之顧氏譜又一人之爲文綱無疑嘉慶志仍康熙志於文綱名下削去狀元二字是矣而列於甲辰科則誤今正

顧夢科顧啟明顧鼎顧承元 俱據西華顧氏譜增入

韓應和 據備稿補

陳嘉謨陳儁 嘉謨據陳氏譜號南漳儁據省志增入

顧景元 案刊補云乾隆府志嘉靖己未載顧景元萬歷己未又載景元嘉慶志删其一似矣其實景元壬子武舉癸丑會試即膺首選今正

陳明詔 據陳氏譜明詔更名光遠入北學中京衛武舉補入

倪越素 據江西通志補入

國朝

謝泰 案進士題名碑録謝元順注會稽籍康熙志進士表謝泰注元順曾孫出籍已久從删

謝鯤 府學歲貢生據刊補增入

徐咸清 嘉慶志傳康熙十七年開博學鴻詞科薦咸清至都表云十八年誤今正

趙殿昇 嘉慶志載殿最康熙壬午鄉舉癸未進士又以雍正甲辰鄉舉之殿昇誤作殿最列癸卯今正

趙國麟 嘉慶志載國麟康熙五十二年進士五十六年鄉薦顯見錯訛今鄉薦附在康熙之末不詳年甲

徐雲祥 范宏泰 案康熙五十二年二月鄉試八月會試雲祥宏泰一年連捷因祗載進士不及舉人宏泰嘉慶志失載今據備稿補入

錢陸剛 嘉慶志注榜作陸剛錢塘籍案是榜祗有錢剛並無陸剛

趙際昌 康熙壬子恩貢據備稿補入

徐翼文 賈銑 據刊補備稿增入

顧子琦 朱鵬圖 徐允定 據顧氏譜朱鼎祚徐咸清傳增入

李國梁 陳兆成 黃肇敏 據葉蓁徐肇楠黃肇敏傳增入

陳邁黔 顧芳名 邁黔據宋氏譜芳名據刊補採顧氏譜增入

倪鍔胡增顧銓 鍔據刋補係廪貢從删增嘉慶志備稿俱作禎今正銓據刋補採顧氏譜增入

何克明 雍正八年學使王蘭生薦舉賢良方正舊無今增

謝鍠 碑錄作大興籍鄉舉年甲亦無查今從刋補姑存

徐來復王增范士奇 來復字斐園號瞻蓼增字號無查士奇字時宜號愚溪俱據備稿增入

趙昱 嘉慶志載乾隆元年徵辟案備稿云趙氏入籍仁和至昱已五世矣可不載茲以其祖父墳俱在上虞且閱昱清明拜先嚴墓詩知其有眷戀故鄉之意故與弟信俱錄入

林天培潘杰 嘉慶志注林天培宛平籍五十年潘世恩榜潘杰廣東籍五十年趙文楷榜刋補云潘芝軒乾隆癸丑狀元趙介山嘉慶丙辰狀元乾隆五十年並無進士科其誤可知案五十年之榜亦不能有兩狀元從删

周伊 嘉慶志載舉人進士案科名錄及府志五夫志俱不載伊進士因祇列舉人

王楚士王德士王孚鏞 案備稿云王楚士貴州籍碑錄無即貴州姓王進士亦祇有王訓無楚士德士貴州籍案碑錄貴州黃平州人有王偉士亦無德士孚鏞德士子黃平州人三人既入外籍且碑錄無從刪

徐聯奎鄭源濤顧德慶朱鈺 案聯奎府志作山陰人源濤備稿列宛平籍榜姓陳德慶備稿列山西陽曲籍鈺備稿列錢塘籍是否屬上虞人存以俟考

朱鋤 嘉慶志載乾隆丁酉科錢塘籍案是科錢塘中七人並無朱鋤從刪

趙世鴻 嘉慶志載乾隆乙卯舉人查科名錄無其人存以俟考

趙嵩英胡三多 據府志胡氏譜增入

陳謨　案刊補謨作模仁和籍祖天錫世居蓋
山西河因潮患徙居杭城舊無今增

陳廷璣　府志列乾隆三十六年舉人嘉慶志列乾隆三
十五年舉人今案科名錄兩科俱無其名從删

徐觀海　墨林今話上虞徐袖東觀海一字壽石僑居錢塘
乾隆庚辰舉人官知縣以軍功進司馬舊無今增

顧純愷陳楷　刊補純愷中乾隆庚寅十二名舉人楷仁和
籍模之兄乾隆甲午舉人石門敎諭據增入

丁大川　乾隆元年　恩貢府志載朱斯美案府志斯美
名下注故丁大川補因易朱斯美爲丁大川

徐登雲陳洪揆　登雲刊補引徐氏一家言丁
丑貢生洪揆據陳氏譜增入

陳潮陳壇張駛錢殿緯　潮壇駛俱據李府志增入
殿緯據錢氏家傳補入

鄭哲貽　案府志乾隆戊申貢生周鼒故
鄭哲貽補因删周鼒列鄭哲貽

王廷彥李思曾　據達溪王氏譜
李鼎傳補入

金城刋補載金城四川雜谷廳籍舉人改名肇榮借補陝西鳳翔縣縣丞上虞前江人舊無今增

倪孟華備稿案碑錄作劉彬華又案倪氏譜號蓋九改名世華庚申鄉舉辛酉成進士嘉慶志不詳改姓改名且祗載進士不載舉人今查正

范廷懋曹陛慶鄭又鑰唐聖贇廷懋據范氏譜陛慶又鑰聖贇據上虞詩集補入

顧恆刋補採顧氏譜一係順治辛丑歲貢一係嘉慶丙寅府學歲貢今仍之

陳天祺本姓李嘉慶志載李天祺又載陳天祺今從刋補刪其一○以下武科

錢補嵩通志康熙五十九年庚子科武舉錢氏譜又載賜進士出身武德昭勇將軍舊無今增

何俊刋補載字魯階寄籍錢塘乾隆三十一年丙戌科進士官至福建建寧等處總兵署福建全省水陸提督

舊無今增

方又正嘉慶志作文正刋補備稿俱作又正今從備稿

封贈

案誥勅恩榮當王者貴有明封典浩繁登記連篇仍多遺漏今倣萬歷志式意在尊王祇載本朝前皆從略其記載文自七品武自五品以上爲例餘不羼入

李宗以子平封翰林院編修

朱鳴朝以子魁鼇封直隸唐山縣知縣

黃中憲以子應乾贈吳川縣知縣

趙完璧以子震陽封西寧縣知縣

趙宗敏庠生以次子燮英封武德將軍

趙鶴庠生以孫殿最贈光祿大夫

趙汝楫州同以子殿最封光祿大夫

趙艮以子國璘封右副都御史

徐大純以孫立綱封翰林院編修

徐肇南以子立綱封翰林院編修

徐宏文　以孫雲瑞贈翰林院編修	徐正元　以子雲瑞封翰林院編修
范兆登　以子嘉業封內閣中書	范玉佩　以孫繼昌贈奉政大夫
范秉毅　以子繼昌贈奉政大夫	俞蟾生　以孫錡贈廣西向武州州判
俞文學　以子錡贈廣西向武州州判	朱淦　以子壬封鹽亭縣知縣
范嘉校　以曾孫衷贈江南道監察御史	范夢龍　以孫衷贈江南道監察御史
范學詩　以子衷贈江南道監察御史	徐洪業　以孫聯奎封奉直大夫南昌府同知
徐宗元　以子聯奎封奉直大夫南昌府同知	胡甸翰　以子世昌贈雄縣知縣
何宗賢　以子浚贈武顯將軍福建福寧鎮總兵	
許國英　以孫正綬贈文林郎嚴州府教授	許元相　以子正綬贈文林郎嚴州府教授

徐立本以子松封翰林院編修　謝公津以子廷樞封中憲大夫

何偉仁以孫俊贈武義大夫武顯將軍　何宗方以兄子俊貤封武義大夫武顯將軍

周際發以子超贈汾陽知縣　連雄飛以子彭年封朝議大夫

徐華國以孫迪惠贈江西泰和縣知縣　徐世勛貢生以子迪惠贈江西泰和縣知縣

錢殿瑞以孫駿贈中憲大夫　錢乩飛以子駿贈中憲大夫

陳誠以子騏贈武宣縣知縣　俞一清以孫潘贈奉直大夫

俞寶書以子潘贈奉直大夫　錢學參以孫協和贈內閣中書

錢球以子協和贈內閣中書　羅大椿以孫寶森封翰林院庶吉士

羅富周以子寶森封翰林院庶吉士　陳金言以子泰贈平遠縣知縣

陳志鈞　以子寶三贈吳堡知縣晉奉政大夫
陳復仁　以子瀛封鳳陽知府晉中憲大夫

錢珽　庠生以孫世敘贈朝議大夫
錢徵恩　以子世敘封朝議大夫

胡坦　增生以孫如沅贈奉政大夫湖南永綏廳同知
徐迪簡　以子作梅贈中憲大夫北流縣知縣

胡鈁　以子如沅封奉政大夫湖南永綏廳同知
胡縉　以孫鍔贈工部屯田司郎中

胡篪　以子鍔贈工部屯田司郎中
胡筵　鍔本生父贈工部屯田司郎中

張志銘　庠生以曾孫曜贈榮祿大夫振威將軍加光祿大夫

張濤　知州以孫曜贈榮祿大夫振威將軍加光祿大夫

張世桐　以子曜贈榮祿大夫振威將軍加光祿大夫

胡如潞　以孫仁燿贈內閣中書晉奉直大夫
胡如洄　仁燿本生祖贈內閣中書晉奉直大夫

胡肇機以子仁燿贈內閣中書晉奉直大夫　葉楷以孫如珪贈資政大夫

葉炳以子如珪贈資政大夫　葉烜如珪本生父贈資政大夫

胡鎮以子灤特用道封資政大夫

朱允中以子懋政贈刑部郎中加中憲大夫　朱思正以孫懋政贈刑部郎中加中憲大夫

仕籍

案上虞舊志無仕籍今倣邵二雲餘姚志例文官七品以上授實職者錄惟已注明選舉表中及事實卓著詳載人物傳者不贅

明

陸幹福建僉憲　張茂才吉安知縣

龔穆兵部主事	陳繼善遼州通判
陳表民大理評事	沈孟齡歷城知縣
盧用宏南豐知縣	劉正言常熟知縣
丁直由溧陽丞升知縣	任澤蘭濟寧知州
徐震延平知府	顧洽刑部主事
李鏜袁州知州	朱蕙衛經歷
顧克工部郎中	沈桂衛經歷
劉木兵馬副指揮	丁彩衛經歷
范棟卿衛經歷	范琦衛經歷

尹壇衛經歷　孔思則武平縣尹

陸汝大署新興知縣　周韶鄭州州同

尹紘陳州州同　黃尙茂萊蕪知縣

項東野揚州興化知縣　賈章國子監典簿

黃襄京衛經歷　黃綸歸州州判

趙莘湖口知縣

國朝

趙振芳建寍府同知　高選漢軍旗籍武定州知州

黃琮旌德縣知縣　陳麒廣道知縣

經緯　漳州府同知

顧芳宗　雲龍州知州戶部郎中

林陛元　西安府知府

夏毓圻　歷署西鄉寶雞知縣

賈山宗　鳳陽府潁州知州

車載輻　汾陽知縣

顧璜　原武知縣

趙本植　慶陽知府

顧廷椿　巴州知州

何玉池　連山綏猺同知署羅定知州

顧聞禮　儀封知縣

蔣祿平　貴州清平知縣

賈建奇　臨邑知縣

俞錡　向武州州判

馬燧　會同知縣

連彭年　忠州知州

陳祈秀　廣東按察司經歷

范元鵬　福建永安平和縣知縣

陳勉　遼陽州知州署錦州知府

謝宏　萬年知縣

徐百度　濟寧州州同

范元勳　廣西興安縣知縣

林大椿　耒陽縣知縣

謝廷樞　歷任黃州武昌知府署漢黃德道

章元喜　署鳳穎同知

陳寶書　石阡府經歷署安南縣陞黔陽知縣

何玉檢　議敘同知兼理天門縣知縣

余曾直　西城兵馬司正指揮

顧崑　納溪知縣

林啟泰　同安縣知縣

林安祖　更名安佐北通州知州

胡棠　高郵州知州

陳南峰　候官縣知縣

何玉藻　署衡山常寧縣知縣

何元度　兖州泇河同知兼署河南同知

胡如沅　署湘潭縣陞永綏廳同知

何玉棻鳳翔府通判　朱照佩潼川府同知署知府
何錞沅州府通判　陳泰平遠縣知縣
胡肇棨鉛山縣知縣　林紹芳南平縣知縣
陳雯桐城縣知縣　陳瀛鳳陽知府署廬鳳道
羅鶴翔高郵州知州　胡鎮歷署南平沙縣補將樂縣知縣
陳恒開歷任竹溪竹山武昌建安閩縣政和知縣　陳兆齡署寶應知縣陞江寗府督糧同知
陳兆慶武原縣知縣　俞錫綱獲鹿縣知縣
胡鍔工部屯田司郎中　田翽黃丹州州同
陳澐歷任江西新城南豐縣知縣　葉炟歷任即墨東阿縣知縣

陳維楨署咸豐長陽縣補通城縣知縣	田其年工部郎中
錢冠瀛署同安壽甯長泰縣補晉江知縣	張權連山廳同知
胡濬東平州州判	錢璟兩廣鹽運使司運同
葉如珪歷任陳留永城縣知縣	胡瀠補主事陞用道
王德溥合浦縣知縣	柴棠同知署甯德上杭建甯縣知縣陞用知府
陳鳳翔署長武略陽朝邑等縣知縣	陳善由知州補州同署奉議州天保縣
錢瑩恩平縣知縣	鄭山松江府同知
陳學源刑部主事	柴俊署松江府管糧通判